I형 인간의 팀장생활

일러두기

이 책의 일부 표기와 맞춤법은
회사 실무에서 사용하는 입말을 그대로 살렸습니다.

I형 인간의 팀장생활

권도연 지음

리더십의
본질을 꿰뚫는
하이퍼리얼리즘
오피스 드라마

현대
지성

추천의 글

*

생생하고, 매끄럽고, 재미있고, 공감된다! 주인공은 성장형이지만 작가는 완성형이다. 잘 닦인 도로에서 상쾌하게 속도를 올리는 성능 좋은 자동차처럼 이야기가 빠르고 안정감 있게 진행된다. 진서연 팀장과 사무실 디퓨저 향을 맡으며 함께 머리 아파하고, 함께 부들부들 떠는 기분. 고난과 빌런은 또 어찌나 그리 다양한 각도로 찾아오는지.

책을 읽다 문득 팀장이 된다는 건 어른이 된다는 뜻이로구나 하는 생각이 들었다. 그에게는 해야 하는 일이 있으며, 져야 할 책임이 있다. 충분한 힘이 없어도 자신과 주변을 통제해야 한다. 누구에게도 기댈 수 없어 괴롭고 또 외롭지만 내심을 감추고, 자신보다 미숙한 이들을 보호하고 이끌며 때로는 따끔하게 꾸짖어야 한다. 성격 유형이 어떻게 되든 좋은 팀장, 괜찮은 어른이 되는 방법을 고민하는 이에게 멘토처럼 다가갈 책이다.

_장강명(소설가)

*

세상이 변하여 다르게 보일지라도 본질은 바뀌지 않다는 것을 발견할 때마다 일종의 쾌감을 느낍니다. 책을 읽는 동안 주인공의 친구가 되었으며 때로는 나를 주인공으로 착각했습니다. 그에게서 일어나는 일들이 20년 전 내가 팀장 역할을 할 때의 모습과 똑같아 데자뷰처럼 다가왔기 때문입니다.

소설의 형식을 갖추었지만 웬만한 경영서적이나 자기계발서보다 훨씬 메시지가 자연스럽고 깊이 있습니다. '이렇게 해야 한다'라고 말하지 않고, 누구에게나 일어날 수 있는 에피소드를 제시해 공감을 불러일으키고, 독자 스스로 깨닫게 합니다. 초보 팀장이 리더로 성장하는 과정이 작가 특유의 섬세함으로 표현되어 독자의 마음을 잔잔하게 움직입니다. 함께 등장하는 다양한 인물의 특성, 리더인 팀장의 심리 묘사를 따라가며 작가의 생각을 읽는 것도 이 책을 읽는 즐거움 중 하나입니다. 팍팍한 일상을 살아가는 직장인에게 산소 같은 공감과 지혜를 건네는 이 책은 필시 초보 팀장을 성장하게 할 것입니다.

_**장동철**(前 현대자동차그룹 부사장,
『제법 괜찮은 리더가 되고픈 당신에게』 저자)

*

리더가 성장하는 속도만큼 조직도 성장할 수 있다. 즉, 리더가 성장을 멈추면 조직도 멈춘다는 뜻이다. 그렇다면 리더가 성장을 멈추었다는 것을 어떻게 알 수 있을까? 얼마 전 존경하는 분에게 이 질문을 던졌을 때 내가 받은 답은 "고통을 받아들이는 것을 멈출 때"였다. 자신이 쌓아올린 안전지대(Comfort Zone)에 머무르는 것만큼 편안한 건 없다. 반대로 안전지대에서 나오는 것은 고통을 요구한다. 문제는 고통 없이는 발전도 없으며 성장도 없다는 사실이다.

이 책에 등장하는 인물들은 각자의 위치에서 선택의 기로에 선다. 안전지대에 머무를 것인가, 고통을 받아들이고 성장할 것인가. 크든 작든 날카로운 고통의 시간을 겪은 이는 그 시간을 견뎌낸 사람만이 맛볼 수 있는 희열과 긍지를 맛본다. 또한 그다음 단계의 고통을 선택할 수 있는 저력을 갖게 되는 것은 물론이다.

퍼블리에서 유료고객 대상으로 큰 인기를 끌었던 온라인 콘텐츠가 책을 통해 더 많은 독자들을 만날 수 있게 되어 기쁘고 감사하다. 일하는 개인으로서 어떤 선택을 할지에 대해, 각 인물들에 자신을 대입해보며 재미있는 독서 시간을 누리시면 좋겠다.

_박소령(《퍼블리》 CEO)

*

이 책에서는 일명 88만 원 세대라 불리는 밀레니얼 팀장의 고군분투 직장생활이 생동감 있게 전개된다. 85년생 INFJ 주인공이 팀장으로서 팀을 이끌고 성장하고 성과를 내는 모습이 꽤 흥미롭다. 밀레니얼 세대가 조직의 허리가 된 우리 사회에서 그들이 겪는 고민과 갈등, 좌절과 극복 과정이 재미있게 그러나 가볍지 않게 잘 묘사되고 있다. 밀레니얼 팀장과 Z세대 팀원 간의 차이는 무엇에서 기인하는 것일까라는 질문을 던지며 그와 동시에 리더십의 본질은 관계임을 통찰하고 소통의 실마리도 찾게 한다.

단지 이론적인 설명으로 끝나는 기존의 복잡한 리더십 책이 아니다. 단편적인 사례를 두서없이 나열한 책도 아니다. 어쩌다 팀장이 된 주인공이 어떻게 조직생활에서 살아남고, 또 어떻게 팀을 이끌어 성과를 만들어냈는가를 한편의 드라마처럼 흥미진진하게 서술하고 있다.

쉽게 읽힌다. 재미있다. 절묘한 표현이 있다. 그러나 그 안에 팀장 리더십의 핵심 요소인 정확한 지시와 보고, 성과창출, 팀워크, 후배육성, 갈등관리 등이 정결하게 담겨 있다. 팀장으로서 자격이 부족하다고 자책하고 있는 밀레니얼 팀장들에게 주저 없이 이 책을 권한다.

_김정현(플로우디컨설팅 대표, 『팀장 리더십 수업』 저자)

*

많은 사람들이 내 MBTI가 E로 시작하는 것으로 알고 있지만, 나는 I로 시작한다. 이는 아마도 과거 10년이 넘는 회사생활에 적응하고 살아남기 위해 외향적인 인간을 성공적으로 연기했기 때문일 것이다. 이는 비단 매일매일 회사로 출근하지 않더라도 마찬가지일 것이다. 이 책은 바로 나와 같은 현실과 이상 사이에서 끊임없이 방황하는 이들을 위한 책이다. 아니, 어쩔 수 없이 리더십과 팔로우십을 갖추고 살아야 하는 우리 모든 직장인들을 위한 책이다.

_임홍택(『90년생이 온다』, 『팀장, 바로 당신의 조건』 저자)

작가의 말

“지금 김포공항행 일반 열차가 들어오고 있습니다.”

7시 57분, 9호선 1-1번 칸. 나는 매뉴얼이 입력된 로봇처럼 입구 맞은편 두 번째 자리에 앉는다. 내 오른쪽 남자는 어제처럼 정장 위에 파란 점퍼를 걸쳤다. 왼쪽 여자는 어제의 운동화가 아닌 3센티미터 굽을 신었다. 오늘은 수요일, 그녀의 직장은 매주 수요일 회의가 있는 신논현역 근처임이 분명했다.

늘 같은 풍경이다. 같은 시간에, 같은 표정을 한 직장인들을 매일 마주친다. 눈인사도 한 적 없지만 이토록 친근한 것은 그들의 인생이 나와 별반 다르지 않다는 걸 알기 때문일 것이다.

나는 이곳 9호선 일반 열차에서 이 책을 썼다. 한성백제역에서 국회의사당역까지 총 50분의 시간 동안 이 책의 초안 작성과 퇴고를 모두 했다.

글 쓰는 것을 좋아했으니 가능한 일이었다. 스트레스를 받을 때마다 엉킨 마음을 풀어내듯 글을 썼다. 글쓰기를 하지 않았다면 무척이나 부침이 심했던 조직생활을 견뎌내지 못했을 것이다.

나는 극내향형 인간이다. 그래서 인간관계가 늘 힘에 부쳤다. 아무리 친한 친구라도 두 명 이상을 만나고 나면 며칠이 힘들었다. 사람에게서 에너지를 빼앗기는 전형적인 I형 인간의 특징이었다.

그러던 어느 날, 연차가 쌓였단 이유로 팀장이 됐다. 혼자 할 수 있는 일이 없어졌다. 같이 해야 할 팀원이 늘었다. 대답해야 하는 질문도 늘었다. 두껍게 두른 마음의 벽을 내 안에서부터 무너뜨려야 했다.

답답함에 리더십이란 단어 하나만 들고 서점을 찾았다. 서번트, 경청, 변혁적, 거래적, 쌍방, 감성적 리더십. 수십 가지로 변주된 리더십이 팔리지 않는 오래된 전집처럼 주욱 나열되어 있었다. 하지만 두꺼운 개론서나 이론서 그 어느 곳에도 원하는 내용은 없었다. 나에게는 생생한 실전서, 쉬운 입문서가 필요했다. 방향은커녕 걷는 방법조차 모르는 초보 리더를 위한, 한 발짝 내딛을 때마다 느껴지는 생소함과 불안감을 이겨낼 응원 같은 것이 절실했다.

그래서 썼다. 나 때는(라떼는) 없던, 그래서 더 간절했던, 리더가 될 줄 몰랐지만 어쩌다 리더가 된 그들을 위한 격려서.

나의 글에서 가능성을 발견해주신 현대지성 이승미 과장님께 가장 먼저 인사를 드린다. 점심시간마다 빵 하나에 수다를 떨어준 절친 선후배에게도 충성. 직장인들이여, 매일의 지옥과 진상을 견디는 우리는 이 세상에서 가장 대단한 사람들입니다!

나의 세상 나의 전부, 남동기와 남유라, 사랑합니다. 끝으로 글과 책을 좋아하는 사람이 되도록 40년 넘게 곁을 돌봐준 나의 엄마, 윤영희 여사에게 이 책을 바칩니다.

9호선 출근길에

권도연

차례

어쩌다 팀장

1

하루 종일 머리가 지끈거렸다.

나는 두통의 원인이 회사 건물 전체에 퍼져 있는 올드 스파이스(old spice) 향이라고 확신하고 있었다. 재미있는 것은 이 디퓨저 향을 사람마다 다르게 느낀다는 사실이었는데 그게 참으로 묘했다. 팀장, 실장급들은 '시원 달달한 향'이라며 좋아하고 사원, 과장, 차장급들은 '목욕탕 스킨 냄새'라며 싫어하니 직원들은 월급에 따른 차이라며 자조했다. 그리고 나는 당연히, 후자 쪽이었다.

오늘도 출입문 바로 옆 자동 분사기는 '칙' 하며 소리를 냈다.

"저게 칙 하면, 왠지 집중해야 할 거 같고 딴짓하다가도 멈추게 되고 그러지 않냐? 꼭 우리가 파블로프의 개가 된 거 같단 말이야."

개는 반사 능력으로 밥을 얻어먹고, 우리는 후각 능력으로 밥값을 얻어가는 꼴이라며 서 팀장은 클클거렸다. 나는 그녀의 농담에 적절한 대응을 하지 못한 채 관자놀이를 꾹꾹 누르며 컴퓨터 모니터를 바라봤다.

인간 본연의 아름다움에 빛을 더하는 코스메틱 브랜드로서 우리 DM산업은 심플하고, 릴랙스한 가치 소비 트렌드에 맞는 제품 개발에 힘쓸…

약속한 마감까지 10분. 사내보에 실릴 대표의 말을 곱씹은 지 한 시간째였다.

"진 차장, 그냥 그대로 가자니까. 아무리 사람들이 보그체* 니 보그 병신체니 욕해도 우리 업계에서는 다 그러려니 해.

* 패션업계에서 주로 쓰는 문체를 일컫는 말로 문장에 쓰는 단어 대부분을 외국어로 대체하고 조사만 한국어를 사용하는 것을 말함.

그냥 가."

"너무 촌스러워서요. 용납이 안 돼요, 용납이. 릴랙스는 '편안한'으로 바꿨는데 하아… 심플하다는 딱 이거다 싶은 게 없네요."

"어우 저 고집. 그래 봤자 알아주는 사람 아무도 없다니까. 저번에는 뭐더라, 고무되다? 고취되다? 고양되다? 그 단어 고른다고 몇 시간을 끙끙대더니 오늘은 또 뭐 심플? 시간 다 됐어. 얼른 넘겨."

안 돼요, 이렇게는 자존심이 허락하지 않는다고요. 사람들은 누가 한지도 모르겠지만 제가 알잖아요. 이대로 못 내보내요, 전.

욱지끈. 또다시 두통님이 오셨다. 나는 마지막 한 알 남은 타이레놀을 입에 넣었다. 오전에 먹은 것보다 150밀리그램 정도 용량이 많은 약이었다. 부디 아세트아미노펜의 약 기운으로라도 결정 장애가 해결되길 바라며 꿀꺽 삼켰다.

그때였다.

"헉."

옆에 앉은 박 대리가 비명소리를 냈다. 무슨 일이냐고 물어보고 싶었지만 1초가 아쉬운 상황. 그녀의 키보드가 다다닥거리기 시작했다. 마치 적병이 침입했다고 알리는 북과 뿔

피리처럼 울려대는 것이 심상치가 않았다.

'차장님, 인사 났어요. ㅠㅠ 알고 계셨어요?'

박 대리의 메시지가 모니터 구석에 깜박이며 떴다. 이게 뭔 소리야. 허허, 얘가 흰소리를 하고 있네 하고 생각하는데 여기서 카톡, 저기서 카톡. 동시에 핸드폰의 알람까지 드르르르륵 쉴 새 없이 울어대기 시작했다. 뭐야, 진짜 인사 났어?

'야, 너 소분팀 가냐?'

'서연아… 윈트라 봤어?'

동기들의 메시지였다. 황급히 사내 통신을 접속했다.

인사 공고

성명	기존	변경
진서연	홍보팀	소비자분석팀

내 이름이었다. 여러 번 눈을 씻어 봐도 할아버지가 일주일 걸려 지었다는 내 이름 석 자가 맞다. 어떤 통보도 예고도 없었다. 배신감과 서운함, 억울함이 밀려왔다. 왜 이놈의 회사는 예고도 없이 매번 뒤통수야!

"팀장님, 저 인사 났는데요. 알고 계셨어요?"

이럴 때 가장 쉽게 손을 뻗을 수 있는 건 서 팀장이었다.

나는 자리에 벌떡 일어나 앞에 앉은 그녀를 향해 소리쳤다. 마치 나보다 오래 근무했으니 회사와 더 가까운, 한통속이겠지 하는 마음으로. 서 팀장은 파티션 너머로 고개를 빼더니 자리에 앉으라고 손짓한다. 이미 그녀의 손에는 핸드폰이 들려 있었다.

"김 팀장님, 예예. 잘 지내시죠? 다름이 아니라 그…"

말꼬리를 길게 늘어뜨리며 사무실을 나가는 서 팀장. 그녀가 간 길을 따라 나도 귀를 길게 뺐다. 김 팀장이라 함은 총무실 인사팀장일 것이다. 제발 사실이 아니라고 해줘.

2

'잠깐 나와봐.'

서 팀장의 카톡을 받자마자 나는 자리를 박차고 나갔다.

"서연아… 하아, 어쩌냐. 지금 소분팀에서 사람이 급하게 필요한가 봐. 거기 경험자가 너밖에 없다는데…."

"경험요? 선배, 신입 때 6개월 한 거 그거요?"

둘이 있을 때는 서로 이름을 부르고 '님' 대신 '야'나 '선배'를 쓰는 나와 서 팀장은 회사 내 찐친이다.

"소분팀 이 팀장 있잖아. 이 팀장 사람은 좀 거지 같아도 일 하나는 잘하니까 그냥 닥치고 1년만 나 죽었네 하고 일이나 배우자. 그리고 다시 홍보팀으로 와. 내가 너 책임지고 끌어당길게. 너 없으면 안 된다고 인사팀 앞에서 드러눕지 뭐."

서 팀장은 미안한 듯 어깨를 두드렸다. 허세라도 서 팀장의 말은 괜히 위로가 됐다. 그래, 일 배우면서 조금만 버티면 되겠지. 뭐 죽으라고 하겠어.

하지만 나는 그날 오후 바로 알았다. 회사가 정말 날 죽이려고 작정했다는 것을.

"진 차장님, 못 들었어요? 나 육아휴직 써요. 와이프가 회사에 급하게 복귀해야 해서 1년간 자리 비우기로 했는데… 인사팀에서 말 없었어요?"

"헉, 그러면 전 누구한테 일을 배우죠?"

"아, 인사해요. 저기 우리 표 사원과 신 사원."

발령이 났으니 짐도 옮기고 인사도 할 겸 소분팀을 찾았다. 소분팀은 핵심 부서만 있다는 건물 10층에 있었다. 기획팀과 전략팀, 소분팀 이렇게 세 팀이 기획실 소속으로 나란히 있었다. 10층 입구에 들어서자마자 무거운 기운이 온몸을 감쌌다. 경험 많은 베테랑들이 모인, 회사의 핵심 인재들이 가득한 부서 사이를 걷는 것만으로도 주눅이 들었다. 그중 소분팀은 가장 끝에 있었다. 그것도 팀장에 팀원 둘뿐인 초라한 모습으로. 그런데 여기에 팀장까지 휴직이라고?

이 팀장의 말에 표 사원과 신 사원이 부스스 일어났다. 표 사원은 프랑스 영화 여주인공처럼 노랗고 긴 파마머리를 한 여자, 신 사원은 전자상가 앞 바람 인형처럼 길고 까만 남자. 나는 그 둘에게 눈을 맞추며 까딱하고 고개를 숙였다.

"잘 부탁드립니다. 제가 여기 업무는 잘 모르거든요. 많이 가르쳐주세요."

긴 파마머리와 바람 인형이 아무 말없이 곤란한 표정을 짓고 있는데 대신 말을 받아주는 이 팀장.

"뭘 가르쳐줘. 표 사원은 입사한 지 1년, 신 사원은 3개월 됐어."

"네에에?? 그, 그럼 전 팀장도 없이, 신입사원 둘만 데리고 일 하나요?"

"진 차장 입사한 지 10년 가까이 되지 않았나? 그럼 뭐든 할 줄 알아야지. 이번 기회에 팀원들 잘 이끌어가며 리더십 한번 발휘해봐요."

"리…더십이요?"

리더십? 그건 혼자 있는 거 좋아하고, 공상 좋아하고, 분쟁과 다툼을 싫어하는 극강 내향형인 나에게 가장 어울리지 않는 단어였다.

“왜 그런 말 있잖아요. 리더는 태어나는 게 아니라 만들어지는 것이다. 그러니까 우리 진 차장님 DM산업의 리더가 되어 팀을 잘 이끌어보세요.”

옆 팀에서 누군가가 폭소하는 소리가 들렸다. 마치 ‘리더=진서연’의 공식을 공개적으로 비웃는 듯했다. 전략팀이었다. 조용한 사무실에서 터진 웃음이었기에 삽시간에 모두의 이목이 집중됐다. 나는 소리 나는 쪽을 쳐다봤다. 얼굴은 보이지 않아도 알 수 있었다. 나선중 팀장. 나의 첫 사수, 나의 적, 나의 영원한 빌런.

나는 팀장도, 차장도, 과장도, 대리도 없는 팀에 떨어졌다. 그것도 적진에.

나는 그렇게 팀장이 됐다.

나의 슬기로운 신입생활

1

이곳 DM산업은 나의 1순위가 아니었다.

나의 1순위는 외국계 기업이자 국내 코스메틱계의 1위, 애틀랜틱코리아였다. 하지만 그곳은 서류부터 불합격을 통보하며 나를 문 앞에서 냉정하게 내쳤다. 이후 삼성, 현대, CJ, LG 등 소위 부모님이 남에게 자식 자랑할 만한 곳에 지원했지만 번번이 탈락의 고배를 마셨다. 나는 시대를 잘못 타고 났다고 생각했다. 2009년, 당시 모든 기업은 이구동성으로 외쳤으니까. '긴축 경영', '채용 축소'.

2007년 미국에서 건너온 위기라는 놈이 대한민국을 잠식

해버린 그해. 당시 국내 한 경제학자가 '20대의 95퍼센트가 평균 임금 88만 원을 받는 비정규직으로 전락하게 된다'라며 일명 88만 원 세대를 주창했다. 바로 내가 그 88만 원 세대였다. 그러니 취직한 것만으로도 불행의 열차에서 내린 셈이었다.

DM산업의 합격 문자는 78번째 자기소개서를 막 고치고 있을 때 받았다. 그날 다짐했다. 더 이상 취준생은 싫다! 내 이 회사에 뼈를 묻으리라!

하지만 출근 한 달 만에 나는 다시 자기소개서 파일을 열어 문장을 고쳤다. DM산업 건물 전체에 퍼져 있는 할아버지의 은단 냄새 같은 디퓨저 향이 너무 싫었다. 이렇게 고루하고 올드한 회사라니! 나 정도면 우아하고 폼 나는 애틀랜틱코리아 정도는 가야 하는 거 아냐?!

마음이 그러하니 무슨 일을 하든 열정이 따라붙을 리 없었다. 나는 시키는 일만 했다. 일이 많아지면 인상부터 구겼다. 체계적인 신입 교육 없이 어깨너머 보고 배우라는 선배들을 욕했고, 눈치껏의 눈치가 뭔지 모르는데 눈치를 주니 반항심만 늘어났다. 부적응 중인 신입을 넓은 마음으로 품겠다는 선배들의 '밥 먹자'라는 제안을 거절했고, 퇴근하면 바로 집으로 달려가기 바빴다. 그때 나의 사수가 바로 나선중 팀장이었다.

나 팀장, 그 당시 나 차장은 첫인상부터가 머리카락을 빼쭉 서게 했다. 찢어진 눈매와 꾹 다문 입매 때문만은 아니었다. 그의 손에 든 효자손 때문이었다. 그는 은색 스테인리스로 된 작은 효자손을 부적처럼 갖고 다녔다. 그 효자손으로 자신의 어깨를 툭툭 치며 어슬렁어슬렁 걸어 다녔다. 툭툭 소리가 멀리서 들리면 후배들은 허리를 곧추세우고 긴장했다. 고작 6년 차였을 때지만 그의 태도나 거들먹거림은 마치 20년 차 부장 같았다. 하지만 선배들 중 그 누구도 그의 태도를 지적하거나 혼내지 않았다.

2

그는 일명 '골드라인' 멤버였다.

골드라인은 우리나라 최고 학벌로 꼽히는 한국대 졸업생들을 일컫는 말이었다. 그들은 스스로 회사 경영이나 국가 미래에 대해 고민한다고 떠들어댔다. 하지만 사람들은 알았다. 그들이 모여 하는 일이란 인사 고과와 관련된 작당모의라는 것을. 그 과정에서 이루어지는 기브앤테이크는 눈물겨울 정도로 철저했다. 때문에 소위 골드라인 '빽'이 없는 사람들은 부당한 일을 겪어야 했고 뒤통수를 맞기도 했다. 사람들은 골드라인을 적폐라며 손가락질하다가도 피해받기 싫어서 알음알음 줄을 섰다.

그중에서도 나 팀장, 즉 효자손은 신입 시절부터 유명했다. 아버지가 무슨 장관 출신이라느니, 대표와 친분이 있다느니 하는 소문이 돌았다. 선배도, 후배도 모두 그의 눈치를 봤다. 그는 자신의 상사가 있는 자리에서 후배들에게 자주 소리를 질렀다. 그 후배들 중에 하필이면 내가, 그것도 첫 사회생활을 시작한 신입이 그의 밑으로 인사 발령이 났을 때 모두가 같은 생각을 했을 것이다. '불쌍한 것, 쯧쯧.'

그는 내게 화를 잘 냈다. 하도 버럭버럭해서 그에게만 보이는 '화를 돋우는 버튼'이 나에게 있는 것은 아닐까 생각하기도 했다. 안 그래도 원치 않는 회사에 입사한 터였다. 불만족은 불안과 스트레스로 커져갔다. 아침마다 울리는 알람이 지옥문의 오프닝으로 들리기 시작했다.

내가 꿈꿨던 직장인의 아침은 이런 것이었다. 따뜻한 아메리카노 한 잔에 저지방 요거트와 그레놀라 그리고 뉴스를 챙겨보는 여유. 하지만 현실은 달랐다. 늘 급했고 늘 뛰었다. 회사에 들어서면 심장이 두근거렸다. 오늘은 그가 어떤 것으로 트집을 잡을지 또 어떤 것으로 훈계를 할지 매일매일, 매분 매초가 긴장이었다.

그날도 사직서 내는 상상을 하다가 결국 10분이나 지나서야 침대에서 몸을 일으켰다. 샤워를 하면서도, 옷을 입으면서도, 머리를 말리고 지하철을 타러 가면서도 '회사 가기 싫다'라는 생각이 가득했다. 머리가 무거우니 걸음이 느려졌다. 그러다 결국 타야 하는 시간의 지하철을 놓쳐버리고 말았다. 지각이었다. 늦었다는 사실보다 늦어서 혼이 날 상황이 무섭고 싫어서 숨이 차게 뛰었다.

헉헉대며 "늦어서 죄송합니다"라고 고개를 숙였다. 그러자 나 팀장은 아주 길고 진한 헛기침을 했다. 고통의 시간이 시작됐다. 그는 화를 내는 대신 퇴근시간까지 나를 투명인간 취급했다. 밥을 먹는 내내 눈길 한 번 주지 않았고, 한 명 한 명 짚어가며 의견을 묻는 회의시간에도 나를 보란 듯이 건너뛰었다.

퇴근을 해서도 괴로움과 억울함에 온몸이 아파왔다. 밤새도록 이불킥을 하다 잠 한 숨 자지 못하고 다음 날 출근했다. 그런데 그는 언제 그랬냐는 듯 원래의 사수로 돌아와 있었다. 그만의 후배 조련 방식이었다.

그는 성공했다. 그날부터 나는 타이머가 달린 로봇처럼 출근시간마다 시간을 초 단위로 세어가며 움직였다. 6시에 일어나 15분까지 샤워를 하고, 32분까지 옷을 입고, 42분에 집을 나서는 것. 횡단보도를 두 개 건너고 지하철역에 걸어가는 것까지 모두 타이머를 재듯 움직였다. 뇌를 들어내고서도 몸이 알아서 할 수 있도록 루틴하게 매일매일을 그렇게 만들었다.

출근시간은 그렇게 익숙해져 갔지만 끝까지 익숙해지지 않는 게 있었으니 그건 그의 '마이크로매니징'이었다. 그는 모든 것에서 자신의 매뉴얼에 맞는 맞춤형 후배를 강요했다. 특히 문서에서의 기준은 너무나 높고 까다로워서 매번 그의 잔소리를 들어야 했다. 스스로 완벽하지 않으면서 후배에게 강요했다면 반감이 들었겠지만 문제는 그가 보고서 작성만큼은 완벽했다는 것에 있었다.

내용은 차치하고서라도 그의 보고서는 가독성이 매우 뛰어났다. 제목부터 소제목, 본문으로 이어지는 글자체는 다양하면서도 통일감이 있었다. 나는 그의 보고서를 샘플 삼아 흉내 내보려고 애를 썼지만 번번이 실패했다. 어쩌다 완벽에 가까운 보고서를 제출했다고 생각하는 그때에도 그는 지적을 멈추지 않았다. 그의 지적은 자간과 장평이었다. 30센티미터 자를 대고 주욱 빨간 펜을 긋고서는 글자의 라인이 맞지 않는다고 했다. 그에게 정렬과 위계는 도저히 참을 수 없는, 용납이 되지 않는 그 어떤 것이었다.

그의 보고서를 받아본 상사들은 소리 내며 감탄했다. 어떤 임원은 그의 보고서를 인트라넷에 게시하면서 팀장, 수석들이 모두 보고 본받아야 한다고 했다. 안 그래도 불뚝 솟은 그의 어깨가 더 올라갔다. 목소리는 더 커졌다.

3

그러던 어느 날이었다.

"너 이거 내가 아까 고치라고 했잖아. 내 말을 귓등으로도 안 듣지? 너 업무에 집중 못하지? 너 회사가 우습지? 내가 우습지?"

그가 또 소리를 질렀다. 지적 사항을 꼼꼼히 체크한다고 했는데도 결국 오타 하나를 놓쳤다. 나는 잘못을 인정하면서도 그의 태도가 좀 지나치다는 생각이 들었다. 하필이면 그날 마지막 기회라고 생각했던 애틀랜틱코리아에서 불합격 통보를 받은 날이기도 했다. 그의 샤우팅이 탈락의 설움과 맞물리면서 그간 간신히 지탱해온 감정의 둑이 툭 하고 무너져버렸다. 나는 자리에 주저앉아 엉엉 울었다.

"으어어엉 엉엉엉!!"

예상치 못한 나의 반응에 그도 당황한 듯 보였다. 한참 후, 설움을 토해낸 그 자리에 부끄러움이 몰려왔다. 하지만 이 사태를 어떻게 수습해야 할지 몰라 고개를 숙인 채 일어나지 못하고 있었다. 그때였다.

"진 사원 일어나요. 여기서 이러는 거 아니야. 뭐 하는 거야, 어른이."

지금 나의 찐친, 서 팀장이었다. 그녀의 말에 정신이 번쩍 들었다. 그래, 나 어른이야. 혼자 술도 마시고, 법적 책임도 져야 하는 성인이지. 지인도 아니었고 말도 섞어본 적 없었지만 그녀는 나에게 가장 필요한 것을 주었다. 바로 어깨와 팔. 나는 그녀에게 의지하는 척하며 휴게실로 도망쳤다.

"진 사원, 아니 진서연. 너 회사에서 도망치고 싶은 거 다 아는데, 가기 전까진 좀 열심히 하면 안 되니?"

"네?"

"다 티 난다고. 너는 모를 거 같아도 선배들은 다 알아. 언제라도 여길 뜰 준비하고 있는 후배, 기회만 되면 사직서를 쓰겠다고 생각하는 후배, 의지도 열의도 없이 가늘고 길게 월급루팡 마음먹은 후배, 다 안다고. 효자손이 저러는 거 알아서 그러는 거야. 더 갈구는 거라고. 그러니까 티 좀 안 나게 해라, 좀."

모른다고 생각했다. 자기소개서는 집에서 썼고, 채용 공고는 사무실에 아무도 없을 때, 화장실에서 핸드폰으로 확인했다. 그래, 면접을 보기 위해 딱 한 번 휴가를 낸 적은 있다. 신입이라 연차가 없어 사수에게 눈 딱 감고 전화를 걸었다.

"할머니가 돌아가셔서요. 어쩌죠. 흑흑흑. 저를 키워주신 할머니… 흑흑흑."

티가 났다면 그게 티가 났을 것이다. 더 구슬프고 아프게 울었어야 했나.

"오늘 밤에 뭐 하냐? 나랑 술이나 먹자. 너 때문에 내가 오늘 술이 땡긴다."

그날 난 처음으로 회사 상사와 술을 마셨다. 대외적으로 나는 '술을 마시면 유전적으로 몸에 큰일이 나는' 사람이었다. 사수에게 그렇게 얘기했다. 그래서 팀 내 회식에서도, 그 어떤 술자리에서도 술을 입에 대지 않았다. 그녀는 어떻게 내가 술을 먹는 걸 알았는지 모를 일이었다.

"너 내 동생해라. 내가 언니 해줄게. 힘든 거 있음 나한테 얘기하고. 혹시 또 다른 회사 이력서 쓸 일 있으면 이력서도 봐줄게."

나는 그녀의 말에 의심부터 했다. 이 사람, 나한테 뭐 바라는 것 있나. 왜 저래.

"저한테 왜 그러시는 거예요?"

그러자 그녀가 그런다.

"옛날에 내가 그랬거든. 여기가 두 번째 직장이야. 사수가 너무 괴롭혀서 이직했는데 여기도 똑같은 인간들이 수두룩하더라고. 그때 깨달았어. 회사는 어딜 가나 괴로운 곳이다. 어차피 괴로운 곳, 내 마음이나 고쳐먹자. 욕먹을 때마다 '하늘이 또 날 테스트하는구나!' 생각했지. 그럼 뭐 견딜 만하더라고."

"옛날 생각이 나서 절 도와주신 거라고요?"

"아니, 내가 죽을 거 같아서. 맨날 효자손 욕받이 하는 널 보는 게 너무 괴롭다. 그것뿐이야."

"푭, 효자손."

우리 둘은 나 차장을 '효자손'이라 부르며 킥킥댔다. 그날의 술자리 이후 나의 아침은 변했다. 6시 알람이 울리기도 전에 눈이 떠졌다. 더 이상 지각은 없었다. 직장 내 아군이 있는 것만으로도, 공공의 적이 생긴 것만으로도, 궁금한 게 있으면 부끄러움 없이 물어볼 수 있는 선배가 있는 것만으로도 지옥이 천국이 될 수 있다는 것을 그때 알았다.

‘너 팀장으로 간 거라며?’

서 팀장의 카톡이 왔다. 나는 그녀에게 곧장 전화를 걸었다.

“선배, 나 어째요.”

“어쩌긴 어째. 해볼 수 있을 때까지 해봐. 내가 예전에 한 말 생각 안 나? 하늘이 널 테스트하는 거야. 한 번 테스트받아봐. 풀다 보면 답이 나오겠지.”

“문제가 뭔지도 모르겠는데 어떻게 풀어요.”

“문제가 수학 공식처럼 딱 보이는 줄 아니? 겪어봐야 아는 거지.”

“하아… 이번엔 선배 말이 전혀 위로가 안 되네요….”

“푸하하하. 너 위로받을 연차 아니거든. 이제 네가 후배들 위로 좀 하고 그래라.”

“저 선배 안 하고 후배만 할래요.”

“얼씨구, 얼른 후배 받아서 잡일 다 시키고 싶다고 한 사람이 누군데.”

그러니까요, 선배. 후배한테 일 미루고 책임은 지지 않는 그런 선배, 팀원한테 일 시키고 노는 팀장, 그런 거 하면 안 될까요.

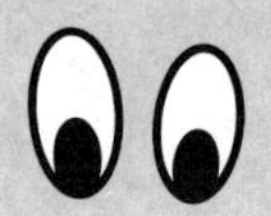

신입(팀장),
신입(사원)을 만나다

1

소분팀 팀장으로서의 출근길이 열렸다.

동시에 지옥문도 열렸다. 신입 때 느꼈던 것과 같은 감정이었다. 검은 옷을 입은 저승사자에게 끌려가듯 지하철 손잡이에 매달려 축 쳐져 있는데, 앞에 앉은 여학생이 일어났다. 나는 그게 착한 나에게 떡은커녕 똥을 내려 미안해하는 하늘의 위로라는 생각이 들었다. 그래, 살면서 법 한 번 어긴 적 없고, 사람한테 상처 준 적 없고, 사고 안 치고, 늘 효도하고 공부만 열심히 한 나에게 지옥은 가혹하긴 하죠?

그러나 신이 줬다 착각한 위로는 위로가 아닌 독이었다.

몸이 편하면 잡생각이 많아지는 법이다. 의자에 앉으니 꾹 눌러왔던 생각이 뭉게뭉게 피어올랐다.

나보고 팀장을 하라고? 팀장이면 뭘 해야 하는 건데? 아니다, 하긴 뭘 해. 선배 팀장들 보니까 과차장들한테 일 시키고는 주식 창 보고, 부동산 임장하러 다니던데. 아냐, 그런 사람들은 대부분 인간관계라도 좋아서 허리 굽신 한 번, 술 한 잔으로 인사고과는 잘 받지. 우물 안 개구리에 아싸 중에서도 핵아싸인 내가 그랬다가는 바로 잘리기나 할 텐데…. 내 안에 답이 없음을 직감한 나는 포털 사이트의 검색창을 열었다.

팀장이 하는 일

리더십

초보 팀장

관련 책만 수백 권이 쏟아져 나왔다. 이 세계로 입문한 것을 환영하며 온갖 콘텐츠들이 외쳤다. 팀장이 처음이니? 팀장의 리더십이란 게 있단다. 80년대 생 팀장이 90년대 생 대리와 잘 지내는 법은 아니? 라떼는 말이야 하는 선배하고도 잘 지내야 하고, MZ후배랑도 잘 어울려야 해.

그럴 듯하게 들렸지만 나에게 필요한 것은 그럴 듯한 이론이 아니라 당장 오늘부터 써먹을 긴급 처방이었다.

"이번 역은 양재역, 양재역입니다. 내리실 문은 왼쪽입니다."

지하철 문이 열렸다. 지옥철 문을 나서 어두컴컴한 팀장의 문으로 들어섰다.

이제 나는 팀장이다. 사무실 도착 예정시간은 8시 52분. 어제처럼 나는 핸드폰 시계에서 눈을 떼지 않고 나의 분초를 체크한다. 하지만 마음은 어제와 달라야 했다. 팀장이니까! 팀원에게 모범이 돼야 하니까!

"안녕하세요."

일부러 목소리에 힘을 줬다. 나의 등장에 이 팀장이 매우 반가운 표정을 지으며 고개를 돌렸다.

"기다렸어요. 나 오전에 인수인계 마치고 바로 퇴근해야 하거든."

"아… 예."

이 팀장은 기다렸다는 듯 함박웃음을 지었다. 야속했다.

"내가 다 출력해서 라벨링해놨어요. 파란색은 완료된 거, 빨간색은 진행 중인 거, 노란색은 앞으로 해야 할 거. 나머지는 우리 부서 서버에 들어가 설명할게요."

이 팀장의 표정은 점차 밝아졌고 나의 표정은 어두워졌다.

나는 그의 얼굴을 보면서 드라큘라를 떠올렸다. 나의 목에 이를 꽂고 피를 빨아먹는 드라큘라. 그는 회생하고 먹잇감이 된 나는 싸늘하게 식어가는 거지. 그러다 픽 쓰러지는 거야. 어디로? 처리해야 하는 서류 위로. 이 팀장이 쌓은 A4용지는 얼핏 봐도 두 뼘 높이나 됐다.

"짐도 못 풀었을 텐데 미안하네요."

"아, 아닙니다. 짐이야 천천히 풀면 되죠."

"최 실장님께 인사는 드렸어요?"

"아… 인사요. 미처 생각을 못했네요."

"이따 오후에 인사드리러 가보세요. 지금은 안 계실 거야. 실장님은 오전엔 항상 외부에 계시거든."

이 팀장이 건너편에 있는 실장 방을 보며 대답했다.

이 팀장의 시선을 따라 쳐다본 그곳은 깜깜하게 불이 꺼져 있었다.

"자, 이제 얼추 전달한 거 같으니 저는 그만 가보겠습니다."

이 팀장이 캐리어를 끌며 나갈 채비를 했다. 나는 도살장에 끌려가는 짐승마냥 그의 뒤를 졸졸 따랐다. 마치 그렇게 하면 그가 다시 돌아와주기라도 할 것처럼. 하지만 그는 냉정하게도 엘리베이터 앞에 다다라서야 뒤를 돌아봤다.

"혼자 끌어안지 말고 적당히 해요. 알죠? 회사는 그런 거 알아주지 않아요."

"알죠. 근데 진짜 좀 막막하네요."

"걱정이 되긴 하네… 팀원들이 다 신입이라."

"네? 표 사원인가 하는 친구는 그래도 1년 됐다고 하지 않으셨어요?"

"아… 표 사원. 1년 차지만 여기 소분팀에 온 지는 5개월 정도밖에 안 됐어요. 그리고 알고 있는지 모르겠는데 (갑자기 귀에 대고 속삭이며) 계약직에서 정규직으로 전환된 케이스야. 공채 아니고."

"(그걸 뭘 그리 속삭이는 거지?) 아… 그럼 신 사원은요. 그 친구는 좀 어떤가요?"

"신 사원은…"

이 팀장이 말을 이어가려는데 엘리베이터가 땡 하고 소리 내며 문을 열었다. 그 안에 신 사원이 있었다.

"앗, 안녕하십니까!"

신 사원이 당황한 듯 큰 목소리로 꾸벅 인사했다. 이 팀장은 그 바람에 해야 할 말을 잃고 엘리베이터에 올라탔다. 나는 갑자기 벌어진 상황에 멍하게 그를 바라만 봤다. 엘리베이터의 문이 닫히려는 찰나 이 팀장은 입모양으로 나에게 말을 건넸다. 파.이.팅.

그렇게 이 팀장이 떠났다.

그리고 내 옆에는 신 사원이 남았다. 그를 올려다봤다. 순간 본능적으로 목이 간지러웠다. 지금 헛기침을 해야 할 타이밍이라고 뇌가 명령하는 것 같았다. 헛기침으로 신 사원에게 지각이란 것을 알려주라는 듯이 말이다. 마치 효자손이 했던 것처럼.

2

팀장의 책상은 팀원들의 자리 배치와는 다르게 창문을 등지고 앉게 되어 있었다.

팀원들의 일거수일투족을 내려다볼 수 있도록 하는, 버스로 치면 일진들이 앉는 맨 뒷자리 같은 곳이었다. 팀장의 모니터는 볼 수 있는 이가 없어 주식창이든 드라마든 아무 화면이나 띄워 놓을 수 있었다.

가만히 일어나 주위를 둘러봤다. 표 사원과 신 사원 모두 컴퓨터 모니터에 포털 사이트를 띄워 놓고는 핸드폰을 하고 있다. 할 일이 없나 보네. 소분팀은 일이 없구나, 그건 좋다. 아니지, 야 네가 팀장이야 진서연, 네가 일을 주고 일을 만들어야 하는 거라고.

“잠깐… 회의 좀 할까요.”

나는 표 사원과 신 사원을 번갈아 쳐다보며 눈을 맞췄다. 첫 만남이니까 최대한 친절해야 했다. 초두 효과가 가장 강렬하다고 미국의 심리학자 솔로몬 애쉬가 그랬다.

텅 빈 회의실에 셋이 모였다. 어색했다. 어떤 모임에서 내가 리더인 적이 없었는데 싫었다. 첫 경험이니 아주 조금 떨렸다.

“정식으로 인사할게요. 홍보팀에서 온 진서연입니다. 오며 가며 만날 수도 있었을 텐데 제가 사실 회사에서 아싸거든요. 그래서 아마 저를 처음 보셨을 것 같습니다. 하하하.”

웃다가 이내 어색하게 입꼬리를 내렸다. 분위기 좀 띄워보겠다고 아무 말이나 계속하다가는 실수할 게 분명했다. 본능은 외쳤다. 시답잖은 소리 그만하고 본론으로 들어가.

“저는 원래 차장이에요. 사실 팀장을 달기에는 1~2년 정도 더 남았는데 인사팀에서 무슨 생각인지 저를 팀장 직무대행을 시켰네요. 전 진짜 리더십 1도 없거든요.”

오우, 아니 그런 셀털 말고.

‘셀프 신상털이’의 줄임말.

"그래서 말인데 우리 직급 따지지 말고 편하게, 친구처럼 잘 지냈으면 좋겠어요. 전 일보다 사람이 더 중요하다고 생각하거든요. 같이 일하는 사람이 싫으면 그것만큼 괴로운 것도 없어요."

진심이었다. 평소 내가 꿈꾸던 팀의 분위기, 팀장 스타일이었다. 표 사원과 신 사원, 웃으며 수긍한다. 그래 좋았어. 이 모습 이대로, 이 분위기대로. 편하고 격의 없는 팀장, 그럴듯하잖아. 분위기 훈훈한 듯하니 이참에 궁금한 거나 물어봐야겠다. 뭐든지 확실한 게 좋으니까.

"아, 맞다. 혹시 신 사원, 아침에 무슨 일 있었나요?"

"네?"

"아까 이 팀장님하고 엘베에서 만났잖아요. 좀 늦게 온 거 같아서… 혹시 개인적인 사유가 있었나 해서요."

친하고 편하게 지내는 것과 팀의 위계질서를 바로 잡는 것은 다른 문제였다. 그래, 잘못이 있으면 따끔하게 혼도 내고 좀 해야지. 특히 남자 후배는 처음에 '너는 내 아래!'라고 서열 정리를 해두지 않으면 언제든 여자라고 무시하고 깔본다고 했다. 게다가 근태는 회사의 기본이다. 이 정도로 군기를 잡는 것은 팀장의 권리이자 의무다!

"지각은 아닙니다. 출근길에 지하 택배 보관소에 들러 팀에 온 택배나 우편물을 챙겨 옵니다. 오늘도 들렀다 왔어요."

번지수 잘못 짚었다. 그의 말에 얼굴이 확 달아올랐다. 지적이 아니라 상황 파악부터가 먼저였다. 수정하자, 후배를 혼내는 것이 팀 기강 잡기가 될 수는 없다!

"아, 미안해요. 내가 몰랐네요. 그럼 신 사원과 표 사원 현재 무슨 업무하고 있는지 궁금한데, 말 좀 해주시겠어요?"

그런데 서로 눈치만 보며 말이 없는 둘. 표 사원이 먼저 입을 열었다.

"이런 말씀드리기 좀 그렇긴 한데… 사실 이 팀장님께서는 업무를 거의 혼자 하셨습니다. 신 사원과 저, 둘 다 신입이어서 그런지 일을 안 맡기셨어요. 그래서 저희… 아무 일도 안 하고 있습니다."

아무 일도 안 하고 있다라. 그래도 일은 할 줄 아는 거지?

"그럼 신 사원 얘기처럼 택배 수거라든가 그런 역할이라도 말해줄래요? 누가 뭘 정리한다든지, 뭘 체크한다든지."

"그냥 그때그때 이 팀장님께서 시키는 일을 했어요. 거래처에 연락해라 하면 하고, 전달해라 하면 하고, 시장 조사하라고 하면 하고. 뭐 그런 것들요."

"그러면 두 사원은 현재 소분팀에서 진행되고 있는 일이 뭐가 있는지 알고 있나요?"

"…"

둘은 아무 말도 하지 못했다. 이 팀장으로부터 건네받은 현재 진행 중인 보고서만 세 건 이상이다. 하지만 팀원인 그들은 아무것도 모르고 있다. 어디서부터 시작해야 할지 막막했다. 나 또한 단순 업무 외에 소분팀 업무에 대한 지식이 없었다.

"음… 알겠어요. 오늘 오전은 내가 업무 파악을 좀 해야 하니까. 두 분은 (그냥 노세요? 기다리세요?는 아니잖아) 음… 소분팀 관련 이슈 좀 파악해볼래요?"

"관련 이슈요? 어떤…."

모르니까 시킬 수도 없다. 나는 동그랗게 눈을 뜨고 바라보는 표 사원과 신 사원을 마주하며 또 한 번 얼굴이 달아오르는 것을 느꼈다.

"사실 제가 소분팀 업무를 거의 9년 만에 하는 거라서요. 지난 경험도 6개월이 채 안 되고요. 그래서 여러분의 도움이 필요해요. 여러분이 내가 소분팀 팀장으로서 알아야 할 것, 알았으면 하는 것을 생각해서 공유해줄래요? 가령 기획실 전체 회의가 언제 있다든가, 팀장급 회의는 따로 있는지, 주간회의, 월례회의 같은 건 있는지 아니면 우리 실장님 관련된 것들이라도."

그래, 솔직해지자. 모른다고. 모르니까 좀 도와달라고. 질책이나 강압이 아니라 도와달라는 읍소에 표 사원과 신 사원의 얼굴도 풀어졌다. 내 편이 되어줄 수 있는 것은 이들 뿐이었다. 나는 이들을 의지해야 했다.

막막한 시작

1

점심시간이 됐다.

나는 할 일이 있다며 표 사원과 신 사원에게 점심을 먹고 오라고 했다. 짐도 풀어야 했고, 당장 눈앞에 쌓여 있는 서류도 검토해야 했다. 탕비실에서 냉동 식빵을 토스트해서 가져왔다. 입에 빵을 물고 키보드를 치면서 생각했다. 신입 때도 이렇게 열심히 안 했던 것 같은데. 누가 나보고 밥도 거르면서 일하라고 하면 노동부에 신고하네 마네 했을 텐데 내가 알아서 이러고 있네.

아침에 내린 아메리카노는 밍밍하게 식어 있었다. 나는 따뜻한 물을 섞어 마실 요량으로 자리에서 일어났다.

직원 모두 점심을 먹으러 떠난 10층은 매우 고요했다. 파티션을 사이에 둔 전략팀과 기획팀이 보였다. 그리고 그 앞의 최 실장 방은 아직도 불이 꺼져 있었다.

일부러 소리 내 기침도 해보고 기지개도 펴봤다. 이제야 주위를 둘러볼 여유가 생긴 것 같았다.

소비자분석팀, 여기는 뭐 하는 곳일까. 팀에 대해 떠올려봤다. 우리 팀은 제품에 대한 소비자들의 반응을 파악해 최 실장에게 보고하는 것이 주 업무다. 같은 기획실의 전략팀이나 기획팀에서는 우리의 보고서를 토대로 개선 방안을 마련하거나 신제품을 기획하고 전략을 짠다. 그렇다면 여기는 중요한 부서다. 하지만 이곳의 업무는 영업팀에서, 마케팅팀에서, 홍보팀에서 보유한 채널로도 충분히 파악 가능하다. 그런데 왜 따로 팀을 만들어서 일을 시키는 것일까.

2019년 12월, 코로나바이러스 감염증이 창궐하자 전 세계는 난리가 났다. 경제계에서 가장 큰 손해를 본 쪽은 코스메틱, 즉 화장품 업계였다. 얼굴의 반 이상을 마스크로 가리는 '마스크 뷰티'는 화장품 기업에 재앙 중의 재앙이었다.

립스틱과 파운데이션, 아이섀도와 같은 색조 화장품의 매출은 반토막 났다. 대표는 긴급회의를 열며 부산을 떨었다.

그때 세럼과 에센스 등 기초 화장품 강화 전략을 짠 게 기획실이었다. 피부에 자극이 적은 원료를 선별해 아토피 피부나 민감성 피부 등 자극받은 피부를 진정시킬 수 있는 '더마 화장품'이 출시됐다. 예측은 통했다. 이후 DM산업은 연 매출 2,258억 원, 영업이익 107억 원을 달성해 코로나의 재앙을 비껴갔다.

하지만 빛이 밝으면 밝을수록 그림자는 짙어지는 법. 축제는 매우 짧게 끝났다.

잘 팔리는 제품에 악플이 달렸다. '색조 회사에서 얼마나 좋은 기초 화장품을 만들었겠냐'라는 여론이 조성됐다. 거기에 대표 광고 모델이던 아이돌이 마약 혐의로 입건되는 일까지 터졌다. DM산업의 전 직원이 부정적인 여론을 바꾸기 위해 매달렸다. 하지만 사람들에게 박힌 인식은 쉽게 지워지지 않았다. 좋은 이미지보다 나쁜 이미지의 힘은 강력했다.

이 팀장이 인계한 업무는 그 연장선상에 있었다. 소비자 인식 최하위, 평판이 좋지 않다 등의 여론을 취합하고 정리해 보고하는 것. 내가 당장 할 일은 이 팀장이 모아둔 시장조사 결과물을 요약 정리하는 것이다. 나는 1. 현황 2. 세부 현황 3. 개선 방향 등으로 소제목을 쓰고 기존의 자료를 분류해나갔다.

2

"다녀왔습니다."

신 사원과 표 사원이 들어왔다. 그들의 옷깃에서 진한 김치찌개 냄새가 훅 뿜어져 왔다. 그 바람에 잊고 있었던 허기가 뭉클 올라왔다.

이제 내가 그들에게 일을 줘야 할 시간이 왔다. 팀장이라면 일을 잘하는 것도 중요하지만 잘 시키는 것도 중요하다고 했다. 보고서에 들어갈 표가 필요했다. 엑셀의 시트별 내용을 정리하면 되는 일이다. 누구를 시켜볼까, 신 사원?

서술식으로 나열된 현황을 표로 만드는 것은 고난도의 기술을 요하거나 특별한 지식이 필요한 일이 아니었다. 그러니 1년 차의 표 사원보다는 그보다 더 경험이 적은 신 사원에게 맞다고 판단했다.

파티션 너머로 고개를 뺐다. 삐죽 솟은 신 사원의 머리가 보였다. 그 옆으로 고개를 숙이고 뭔가 열심히 하고 있는 표 사원의 키보드 소리도 들렸다. 나는 목소리를 고르며 팀장으로서의 첫 지시를 내렸다.

"크음크음. 저 신 사원님, 잠깐만 자리로 와보실래요?"

내 목소리에 신 사원과 표 사원이 고개를 빼고 주위를 두

리번거린다. 그런데 눈이 마주친 둘은 뭔 소리냐는 표정을 짓는다. 그래, 내 목소리가 너무 작았구나. 그렇다면 다시 한 번.

"신! 사원님! 제 자리로! 좀! 와보세요!"

중요 음절에 힘을 주니 강압적인 명령어가 됐다. 그 소리에 놀란 신 사원이 벌떡 일어나 내 자리로 튀어왔다.

"무슨 일 때문에…."

나는 그에게 오해하지 말라며 눈웃음을 지으며 말했다.

"지금 보고서 작성 중인데 거기에 들어갈 표를 하나 만들어주시면 됩니다. 표에 들어갈 내용은 2022년 서버에 동향 보고 폴더에 넣어놨고요. 내용 참고해서 표로 정리해주시면 됩니다. 어렵지 않을 거예요. 가로는 장점과 단점으로 나누고, 세로는 포장재 재질 변경 이전과 이후로 나누면 됩니다. 아셨죠?"

"아, 네? 네…."

네라고 했지만 아닌 것 같은데.

"이해… 한 거죠?"

"네."

아냐, 표정은 아니야, 너.

"안 적어도 돼요? 다 외웠어요?"

"아뇨. 팀장님. 방금 주신 말씀 카톡으로 보내주실 수 있으실까요?"

이게 무슨 신박한 소리인가!

아! 이게 바로 그 유명한 MZ세대의 모습이구나!

당돌하고, 개인적이며, 자유롭고, 개성이 강한 바로 그 세대! 그래서 90년생이 왔네 뭐네 하는 책이 청와대에서도 필독서가 됐다지! 그래, 나도 엄밀히 말하면 MZ세대, 85년생이니까. 이해한다. 난 꼰대는 아니니까. 해달라면 해주면 되지, 힘든 일 아니니까. 기분은 찜찜하지만 뭐, 대든 것도 아니잖아? 나는 그에게 지시사항을 정리해 카톡으로 보냈다.

세 시간 후, 그에게서 띠리링 카톡이 왔다. 첨부파일이란다. 아니, 이걸 대면보고를 안 해? 그래 뭐, 재택근무 시대에 꼭 대면보고를 할 필요가 있나.

하지만 나는 그가 보내온 파일을 열어보고는 꾹 눌러왔던 화가 꿈틀대는 것이 느껴졌다. 표는 표라고도 할 수 없을 정도의 수준이었다. 표의 가로 세로에는 엉뚱한 내용이 들어가 있었다. 그것도 정리되지 않은 문장들이 네 개의 네모 칸 안에 흩어져 있었다. 표의 제목과 내용은 구분되지 않았고 표 안에 있는 글씨는 크기와 서체가 모두 제각각이었다.

그가 만들어준 표를 그대로 긁어다 보고서에 쓸 요량이었던 나의 계획은 산산이 부서졌다. 아예 처음부터, 다시 만들어야 했다.

내용은 이해를 못해서 잘못 넣었다고 치자. 그래도 표 정도는 표답게 만들어줘야 하는 것 아닌가 싶었다. 장장 세 시간 동안 이 수준의 것을 붙들고 뭘 한 건지 따져 묻고 싶은 심정이었다.

잘못은 당장 고쳐주는 것이 맞다. 시간이 없으니 내용에 대한 설명은 나중에. 하지만 기본적인 표 작성에 대해서는 따끔하게 알려줘야겠다고 생각했다. 나에게 보고서를 보내놓고 두 근 반 세 근 반 마음을 졸이고 기다리고 있을 그에게 빨리 피드백을 주고 싶었다.

3

"신 사원! 제 자리로 와볼래요?"

좋은 선배가 되어 웃으면서 처음부터 차근차근 해보자며 어르고 달랠 참이었다. 하지만 너무도 태연한 '나 잘하지 않았냐'라는 그의 표정을 본 순간 마음이 딱 굳어버렸다. 이 수준으로 해놓고 당당한 거야, 지금?

"어… 이게… 음… 혹시 한글에서 표 안 만들어봤어요?"

"만들어봤습니다."

"근데 이게 너무 기본이 안 돼 있어서요. 표 안에 있는 글자들 크기도 다르고 글자체도 다 다르고, 심지어 중간 정렬도 안 돼 있잖아요."

"아, 저는 팀장님께서 보고서에 옮겨 쓰신다 길래 내용만 분류하면 되는 줄 알았습니다."

아, 그래? 몰라서가 아니라 안 해도 될 것 같아서 안 했다는 거지? 잠깐만, 안 해도 되는 일이 어디 있어? 그리고 상사한테 보고하는 건데 좀 예쁘게 정렬 못해주나? 나보고 알아서 다듬고 고쳐 쓰라는 건가, 감히? 속이 부글부글 끓기 시작했다.

"형식은 그렇다고 쳐요. 그럼 내용 분류를 했다는 건데, 내가 말한 장점과 단점은 어디에 있어요? 세로축도 내가 말한 기준이 아닌데?"

"아…."

아? 요것 봐라.

"내가 말한 기준대로 다시 분류하고 표도 다시 만들어주세요. 제가 바로 붙여 쓸 수 있게요. 텍스트는 중간 정렬하고, 우리는 보고서에 대부분 휴먼명조를 쓰니까 글씨체도 통일하고요. 그리고 표 안의 자간도 정리하고. 그니까 좀… 예쁘게 만들 수는 없나요?"

나는 돌아서는 그의 뒤통수에서 난감함을 느꼈다. 그는 내 말의 단 50퍼센트도 해내지 못할 것이 분명했다. 혹시나는 역시나였다. 그가 보내 온 보고서는 변한 것이 없었다. 나는 밀려드는 답답함에 깊은 한숨을 내쉬었다.

나는 그가 만든 표를 보란 듯 지워버렸다. 조금도 쓸모가 없었다. 처음부터 다시 만들기 시작했다. 처음부터 진 빼지 말고 그냥 내가 할걸. 짜증이 났다. 나의 키보드 소리가 거칠고 강하게 사무실 안을 울렸다. 타다타다닥 타다타다다다다다닥.

일부러 내가 화났다는 것을 드러내 듯이 더욱더 거칠게 두드렸다.

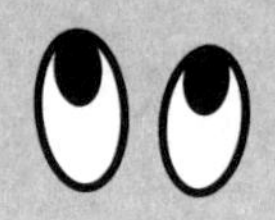

첫 보고

1

"어, 팀장 새로 왔네요."

최 실장이었다. 앞으로 잘 보여야 할 나의 상사. 그가 출근길에 소분팀에 들러 알은체를 했다. 나는 벌떡 일어나 그에게 다가가 고개를 숙였다.

"안녕하십니까, 진서연입니다."

"그래요. 이 팀장한테 인수인계받은 거 있죠? 그거 한 3시쯤 봅시다."

"네, 찾아뵙겠습니다."

떨렸다. 차장과 과장일 때 팀장을 따라 보고 자리에 참석한 적은 있지만 홀로 상사의 방에 들어가 대면보고를 하는 것은 처음이었다. 긴장이 많이 됐다. 그의 방에 불이 들어옴과 동시에 나의 장에도 불이 들어왔다. 나는 화장실을 들락날락하면서 부글거리는 속을 다 비워냈다.

3시 5분 전부터 자리에서 일어나 옷매무새를 다듬었다. 그리고 2시 58분, 최 실장의 방문을 두드렸다.

"들어오세요."

그의 목소리와 함께 피곤한 듯한 그의 얼굴이 시야에 들어왔다.

최 실장. 그는 올해 초 정부 기관에서 내려온 일명 '낙하산'이다. 이곳에 오기 전에는 각종 국가기념일 행사를 주도해 실력을 인정받았을 뿐만 아니라 여러 차례 언론에 나올 정도로 유명세가 대단했다. 그러다 정권이 바뀌자 소리 소문 없이 자취를 감추더니, 어느 날 우리 DM산업에 나타났다. 대표 이사의 인맥이라고 했다. 10층에 모여 있는 소비자분석팀과 기획팀, 전략팀을 총괄하는 기획실장으로 발령받아 1년째 근무 중이었다.

나는 의자를 빼면서 속으로 다시 되새겼다. '짧고 굵게', '두괄식으로'. 보고의 정석과 같은 책에 나온 공식이었다.

"반가워요."

"반갑습니다, 실장님."

약속이나 한 듯 침묵이 이어졌다. 여기에서 더 어떤 말을 한단 말인가. 그냥 바로 본론으로 들어가자.

"소비자 동향보고서를 특별히 지시하셨다고 들었습니다. 저희 DM산업에 대한 여론의 추이를 보면, 보시다시피 긍정어보다 부정어가 두 배 이상 높게 관찰됩니다. 특히 최근에는 핸드크림의 알루미늄 용기가 자꾸 터지는 이슈가 있었었고요. 관련해서 소비자들의 반응과 여론을 정리했습니다."

"음, 그래요."

최 실장은 내가 보고서를 읽는 내내 아무 말도 하지 않았다. 마지막 장의 마지막 문장을 읽자 그제서야 입을 뗐다.

"소비자들은 그렇고 진 팀장 생각은 어때요?"

"네?"

"소비자들 생각은 알겠는데, 진 팀장 생각은 어떠냐고. 실제로 핸드크림 용기가 잘 터지던가요?"

등 뒤로 식은땀이 주르륵 흘러내렸다. 핸드크림이라니. 나는 손이 끈적이는 것을 싫어한다. 특히 핸드크림을 바르면 키보드와 가방까지 번들거리는 것이 싫었다. 향은 또 얼마나 인위적인지, 사무실 전체에 퍼져 있는 목욕탕 스킨 냄새 수준으로 강하고 싸구려틱한 향의 DM산업 핸드크림을 난 단한 번도 써본 적이 없다. 그런 나에게 지금 최 실장이 질문을 던진 것이다.

모를 때는 모른다고 솔직하게 말하는 것이 최선이라고 서 팀장이 그랬다. 하지만 지금 솔직하게 말한다는 것은 "제가 우리 회사 제품을 안 써봤습니다" 혹은 "좋아하지 않습니다"가 되는 것이다. 나는 거짓말을 하기로 했다.

"저는 잘 모르겠습니다."

그러자 최 실장이 미간을 찌푸리며 말했다.

"음… 그럼 소비자들이 거짓말을 하고 있다?"

"아, 아니요. 그런 게 아니라…."

"동향보고서는 소비자의 동향을 적는 게 맞아요. 그런데 소비자들이 왜 그런 평가를 했는지 실제로 소비자들의 말이 맞는지 직접 경험해봐야 하지 않을까요? 앞으로도 소분팀의 보고서는 그런 시각에서 써줬으면 좋겠어요."

"예…."

부끄러웠다. 소비자분석팀장으로서 소비자의 의견을 정리하면서도 왜 나도 소비자라는 생각을 하지 않았는지. 남의 말을 하듯 적은 보고서가 잘된 보고서일 리 없었다. 더군다나 이제는 시키는 대로 영혼 없이 타이핑하고 출력하는 과차장이 아니지 않은가. 팀장이 된 이상, 우리 팀이 있어야 할 이유를 놓쳐서는 안 되는 것이었다.

자리에 돌아와 앉았다. 창피함에 얼굴이 후끈거렸다. 나의 자리가 고립된 섬처럼 느껴졌다. 내 고민을 누군가가 나눠줬으면 하는 생각이 들었다.

'선배, 뭐 해요?'

나의 멘토이자 인생 선배인 서 팀장에게 구원의 카톡을 날렸다.

2

"역시 최 실장님답네."

"어떤 분인데요?"

건물 옥상에는 서 팀장 외에도 몇몇 직원들이 삼삼오오 모여 있었다. 회사에서 만들어놓은 직원 휴게실이 건물 안에 따로 있었지만 사람들은 옥상을 더 자주 찾았다. 하루 종일 컴퓨터와 전화, 메신저에 시달리는 직장인들에게 햇빛과 바람, 공기가 있는 옥상은 잠깐이나마 위로가 됐다.

"다들 낙하산이네 뭐네 하면서 욕하는데 내가 들은 건 달라. 언젠가 여의도에 있는 분한테 얼핏 들었는데 정부 요직에 가고 싶으면 최 실장을 통하라는 말이 있을 정도로 숨은 권력자라고 했어. 그만큼 발도 넓고 두루두루 신임이 높다는 거지. 그래서 왜 그런 대단한 분이 여기에 와 계시냐 했더니 그건 아무도 모른다는 거야. 개인적인 뜻이 있는 건지 아니면 우리 회사 대표랑 인연이 있는지. 무튼 그런 대단한 사람이니 아마 너한테도 좀 다른 말씀을 하신 게 아닌가 싶어. 일반적인 상사랑은 느낌부터 다르지 않디? 난 뭐랄까 실장 눈을 보고 있으면 내 속을 다 들키는 기분이야."

"어머, 저도 그랬어요. 영혼 없이 쓴 건 맞거든요. 어떻게 아셨지 싶더라고요. 큰일이네요, 선배. 실장의 눈높이에 제가 과연 맞출 수 있을까요. 한마디로 보고서에 진심을 담으라, 이건데… 사실 말이 쉽지 뭘 하라는 건지 도통."

"팀원들하고는 얘기해봤어?"

"팀원들요? 아, 맞다. 선배. 내가 신입한테 표 하나 만들어 오라고 시켰거든요. 와, 근데…."

"왜?"

"이거 봐요."

나는 신 사원이 보내온 파일을 열어 확대해서 서 팀장 눈앞에 들이댔다.

"어머어머. 푸하하하!"

"이거 이래 놓고 뭐라는 줄 알아요? 붙여서 쓴다고 해서 안 다듬었대요. 아무리 그래도 상사한테 보고하는 건데 성의는 보여야 하는 거 아니에요? 이거 나 엿 먹이는 거 맞죠? 그것도 저한테 처음 주는 보고서였거든요. 근데 이래요. 이거 어디까지 괜찮나 보자 하면서 기 싸움하는 거겠죠?"

서 팀장은 그러고도 한참 동안 배를 잡고 깔깔댔다.

"그런데 이런 수준의 애하고 상의하고 얘기하라고요? 차라리 그냥 혼자 하고 말죠."

서 팀장의 큰 웃음소리에 옆에 있던 직원들이 모였다.

"뭔데? 같이 웃자."

나는 사람들에게 핸드폰 화면을 보여주면서 말했다.

"이거 봐요. 이거 우리 팀 신입이 만든 폰데, 너무 웃기지 않아요? 글자체가 다 달라. 심지어 이 문장은 쓰다 말았어."

"허허… 맹랑한 녀석이네."

"헐. 이번에 들어온 신입이죠? 정말 이렇게 만들었다고요? 대박."

그렇게 서너 명의 사람들과 한참을 떠드는데 서 팀장의 표정이 점점 어두워지는 것이 느껴졌다. 나는 눈으로 물었다. 왜요.

"음… 이제 신입 놀리는 거 그만해야 할 거 같아. 나 궁금한 게 있어. 서연아, 혹시 표 작성하기 전에 꼼꼼하게 설명해 줬어? 아님 샘플이라도 보여주던가."

"아니요. 그래도 표의 기본이라는 게 있잖아요. 가운데 정렬하고 구분하고 뭐…"

"기본은 너한테나 기본이지 신입한테는 기본이 아닐 수 있잖아."

"…"

"가르쳐줘, 천천히. 시간 없는 거 알아. 해야 하는 거 많은 것도 알거든? 근데 바쁘다고 안 하면 그것도 팀장 직무유기야. 초반에 힘들더라도 여유를 가져야 해. 기다려줘야지."

"그건 그래" 하고 곁에 있던 사람들이 맞장구를 쳤다. 자리에 돌아와 앉아 생각했다. 뭘 가르쳐줘야 하나. 막막했다. 시계를 보니 벌써 퇴근시간이다. 그래, 보고서고 뭐고 내일 하자.

3

집에 와 욕조에 물을 받았다.

구석에 뒹굴고 있는 배스밤을 뜯었다. 자세히 보니 우리 회사 제품이다. 따뜻한 물에 들어가니 굳었던 근육이 기지개를 폈다.

어디서부터 시작해야 할지 감조차 오지 않았다. 팀원이었을 때는 나만 잘하면 됐다. 하지만 이제는 팀원을 잘하게 해야 했다. 그래야 나도, 나의 팀도 잘할 수 있다.

직장인에게 보고서 작성 능력은 기본 중의 기본이다. 그렇다면 선배 직장인, 특히 팀장이라면 후배 팀원에게 보고서 작성을 시키고, 작성된 보고서를 검토하는 일을 해야 한다. 기본이 안 되어 있는 팀원을 데리고 있는 팀장이라면 그 기본을 가르쳐야 한다. 왜 가르치지도 않고 기본이 안 되어 있다고 떠드는가. 귀찮아서? 혹은 내가 아니니까?

'서연, 혹시 그 신입, 보고서 가지고 갈궜음?'

서 팀장에게서 카톡이 왔다.

'아뇨, 왜요?'

'너네 신입. 지금 완전 꽐라.'

'엥?'

'아까 네가 보여준 보고서 그거 누가 신입한테 얘기했나 봐. 네가 신입 보고서 가지고 놀렸다고. 그래서인 듯?'

'헐, 미치겠네.'

'우리 신입이 너네 신입이랑 같이 술 먹는다는데, 상처를

좀 씨게 받은 거 같다는데.'

순간 나는 퇴근길 눈치를 보던 신 사원의 얼굴이 떠올랐다. 입장을 바꿔봐. 효자손이 내 보고서를 돌려보면서 킬킬댔다고 생각해보라고. 싫었다. 그가 받았을 상처는 가늠조차 되지 않았다. 얼마나 자존심이 상하고 창피했을까.

'선배, 저 실수한 거죠.'

'나도 미안해지네. 나 신입일 때는 더 심했는데. 그거 알아? 나 신문 스크랩 해오라는 거 인터넷으로 긁으면 되는 걸 진짜 신문을 오려서 파일 만들어 갔다.'

'헐ㅋㅋㅋ.'

'나는 그때 내가 맞다고 생각했다니까. 아마 너네 신입도 그러지 않았을까.'

'그러게요. 하아… 어찌할까요.'

'이럴 땐 정공법이야. 미안하다고 해. 좋은 말 있잖아, 일부러 그런 건 아니다.'

'사과요?'

'사과는 바로바로 해야 깔끔해. 하루 이틀 같이 있을 것도 아니잖아.'

침대에 누워 떠올렸다. 사과는 말 한마디면 된다. 쉽다. 하지만 기초 레벨의 팀원을 실전에 투입할 수 있을 정도로 실력을 향상시키는 것은 고난도의 문제다. 머리로는 쉽지만.

"여러분도 제가 궁금하겠지만 저도 여러분이 궁금합니다. 여러분들을 알기 위해 하나의 과제를 내주겠어요. 주제는 '기획안 쓰기'입니다." 팀장이 된 내가 팀원들을 앉혀놓고 주제가 적힌 종이를 좌르륵 펴면서 말한다. 그러면 팀원들은 과거시험을 치는 유생들처럼 앉아 심각한 얼굴로 키보드를 두드린다. 나는 그것을 흐뭇하게 바라보다 시간이 다 되었음을 알린다. 이후 결과물을 출력해 빨간 펜으로 평가. 이 후배는 아이디어가 뛰어나니 기획 업무에 맞겠군, 이 후배는 문서 작성 능력은 떨어지나 평소 외향적이고 협조적이므로 대외협력 업무, 또 이 후배는 꼼꼼하고 디테일하니 수치를 정리하고 숫자를 확인하는 업무를 주면 되겠어.

드라마 쓰듯 쓰윽 배경을 그리고 배우들의 대사와 행동도 상상해보는 것이다. 과연 현실에서도 이루어질까?

눈을 감았다. 몸에서 배스밤의 향이 올라왔다. 복숭아 향이라더니 이건 아이들이 먹는 싸구려 젤리 향이네. 역시 우리 회사 제품은 나랑 안 맞아.

MZ세대의 반란

1

'표 사원, 신 사원 둘 다 회의실로 좀 와볼래요? 노트북 챙겨 오세요.'

나는 그들을 단톡방에 초대해 톡을 남겼다. 그리고 가장 먼저 회의실로 들어가 내 노트북에 빔을 연결했다. 나는 신입과 그나마 덜 신입인 두 명에게 '보고서 작성 시뮬레이션'을 할 생각이다.

"내가 두 분 문서 작성 수준이 어디까지인지 몰라서요. 보고서 샘플을 하나 띄워줄 거예요. 보고 똑같이 만들어보세요. 평가하는 게 아니라 무엇이 부족한지 잘못된 건 없는지 가르쳐주려고 하는 거예요. 보고서를 쓰는 건 결국 기술이거든요. 오늘의 목표는 나와 여러분의 보고서 수준 맞추기입니다. 그러니까 내가 쓰든 여러분이 쓰든 똑같은 보고서가 나오도록 하는 거죠. 무엇을 담느냐는 시간이 걸리는 문제지만 형식을 손가락에 익히는 건 금방 해요. 내가 바쁠 때, 보고서 틀이라도 여러분이 만들어줬으면 좋겠어요. 신입이라고 아무것도 안 하는 거 그거 별로잖아요?"

표 사원과 신 사원이 공감한다는 듯 고개를 끄덕였다. 그들은 내가 낸 문제를 열심히 풀었다. 비슷한 글씨체를 찾는 데만 5분이 넘게 걸렸다. 신 사원은 인터넷에서 쪽 번호 매기기 같은 것을 찾기도 했다.

"자, 무에서 유를 창조하려고 하지 말아요. 답은 서버에 다 있어요. 기존에 있는 걸 최대한 활용해 작성하면 됩니다. 제가 20대 여성 소비자의 신제품 선호도 관련 보고서를 써오라고 지시했다고 가정합시다. 서버에서 선호도를 키워드로 보고서를 검색하면 답이 나와요. 있죠? 엽니다. 다 열었어요? 자, 그리고 지금부터 이 틀을 기본으로 보고서를 작성하는 거예요. 제목부터 수정합니다. 20대 여성 소비자… 폰트 크기는 17, 가운데 정렬, 서체는 HY헤드라인M. 서체는 자신의 눈에 예쁜 걸 찾는 게 아니라 통상 쓰는 걸 써야 해요. 형식에 개성이 드러나서는 안 됩니다. 평범한 형식이어야 내용이 눈에 들어오는 법이거든요."

나는 글자색부터 줄 간격, 인용 자료 표시 방법까지 디테일한 모든 것을 부단히 설명했고, 표 사원과 신 사원은 열심히 따라왔다. 신 사원은 쩔쩔맸고, 표 사원은 그보다는 훨씬 더 능숙했다. 그들의 업무 역량이 조금씩 눈에 들어왔다. 나는 내용 이해에 중점을 두고 속도가 느린 신 사원에게 수준을 맞췄다. 나에게는 익숙하지만 그들에게는 낯선 업계 용어도 차근차근 설명했다. 중간 중간 업무 관련 전화가 오면 양해를 구했다. 웃고 떠들다 보니 한 시간이 순식간에 흘렀다.

"앞으로 이틀, 바쁘면 사흘에 한 번씩, 오후 4시에 신입사원 교육을 할 겁니다. 물론 업무가 바쁘면 휴강할 수도 있어요. 그래도 웬만하면 시간을 내서 할 테니까 적극 참여해주세요. 표 사원과 신 사원은 업무를 하다가 궁금한 거 있으면 적어뒀다가 교육시간에 물어보고요. 다음 이 시간에는 엑셀 교육을 하겠습니다."

그리고 신 사원에게 얘기했다.

"오늘 배운 걸 토대로 지난번 표 만들던 거 수정해서 가져와볼래요? 복습한다 생각하고 해보세요."

"네."

신 사원은 뭔가 하고 싶은 말이 있는 듯했다. 분명 그 보고서와 관련된 말이겠지. 나는 모른 척하고 싶었다.

"자, 이제 자리로 돌아갑시다."

"저, 팀장님."

"네?"

올 것이 왔구나.

MZ세대답게 상사인 나의 잘못을 꼬치꼬치 지적할지도 몰라. 아니면 나를 모욕 혐의로 노동부에 고소하겠다며 고소장을 던질지도. 그가 종이 한 장을 불쑥 내밀었다. 헉, 설마 이거 진짜 고소장이야?

"저번에 팀장님이 참석해야 할 회의가 있거나 알아야 할 사항이 있으면 알려달라고 하셨잖아요. 그래서 정리를 좀 해봤습니다. 제가 아는 선에서, 동기들한테 물어봐서 적긴 했는데 혹시 빠진 게 있을 수도 있고요."

심장이 쿵하고 내려앉는 순간이라면 이런 때일 것이다. 감동이라는 두 단어로 설명하기에는 너무도 무거운 감정이 몰려왔다. 아니 감동보다는 미안함, 그 위에 고마움, 또 그 위에 창피한 감정이 얹어진 느낌이었다.

"아… 고, 고마워요."

"제가 표를 못 만들어서 그냥 주욱 적기만 했습니다. 보기 좀 불편하실 수도 있는데….”

“어… 아니, 아니에요. 이건 보고서도 아니고 내가 그 사실만 알면 되는 거여서….”

“네, 다행입니다. 표 만드는 거는 오늘 가르쳐주신 대로 다시 해보겠습니다.”

빨리 미안하다고 해. 사과 따위 쉽다고 했잖아. 하지만 입은 떨어지지 않았다. 머쓱하게 돌아서는 신 사원이 사라질 때까지 내 입은 접착제가 붙은 것처럼 단단하게 붙어 움직이지 않았다. 미, 미안해요. 나는 그에게 들릴락말락한 크기로 중얼거렸다.

2

팀장이 된 지도 2주가 흘렀다.

매일이 퇴근시간까지 정신없이 바빴다. 직접 해야 하는 일부터 팀원들의 업무를 관리하고 체크하는 일, 다른 팀과의 업무 협조까지 팀장으로서 해야 할 일이 너무 많았다. 하루하루 쳐내야 하는 보고서가 넘쳐났고, 참석해야 하는 회의는 수없이 많았으며, 한숨을 돌릴라 치면 해결해야 할 또 다른 이슈가 두더지 게임처럼 곳곳에서 생겨났다.

타이레놀을 먹는 횟수도 양도 늘어갔다. 이러다가는 내 몸에 흐르는 피가 아세트아미노펜으로 바뀌는 것은 아닌가 하는 생각까지 들었다.

점심을 거르는 일도 잦아졌다. 차장 시절, 급격히 나빠진 허리 디스크로 점심시간에 짬을 내 필라테스를 하던 나였다. 하지만 팀장이 된 이후로는 운동은커녕 따뜻한 찌개와 밥 한 그릇 먹어본 게 언제인가 싶을 정도였다.

12시가 다가와 주변이 부산해지면 나는 팀원들에게 얘기했다. 알아서들 편히 먹고 들어와요. 직장에서의 고통은 나누는 게 아니라는 것이 내 신조였다. 나만 하면 되는 일이었다. 팀장의 일을 팀원하고는 나눌 수 없다고 생각했다. 직접 키보드를 두드리고 정리해야 하는 일이었다. 무엇보다 팀장으로서 하루빨리 인정받고 싶었다.

오늘도 마찬가지였다. 출근길 편의점에 들러 사온 삼각김밥과 캔커피로 점심을 때웠다. 오후 시간은 더 빨리 흘렀다. 주변에서 몰려오는 업무 요청을 처리하고 외부 업체와의 미팅까지 해야 했다. 야근 없이 근무시간 안에 모든 것을 해야 한다고 생각하니 마음이 조급해졌다.

몇 시쯤 되었을까. 주변에서 부산한 움직임이 느껴졌다.

옆팀에서 외근을 가나 싶었지만 시계를 보니, 아뿔싸 퇴근시간이다.

"들어가보겠습니다!"

신 사원이나 표 사원이라고 생각하고 고개를 드는데 옆 팀인 전략팀에서 소리가 들린다. 누군가 하니 신 사원과 같이 올해 입사한 새내기, 김 사원이 효자손과 마주보며 서 있다.

그러자 바로 끼익하는 소리가 났다. 효자손의 의자는 매번 그가 뒤로 젖힐 때마다 소름끼치는 소리를 냈다. 소리의 의미는 분명했다. '나 지금 기분 별로다.'

이를 아는 10층 전체가 차갑게 얼어붙었다.

"오, 집에 가시겠다?"

효자손이 물었다. 문장 끝을 올렸지만 질문이 아닌 비꼼이다. 다들 속으로 똑같은 생각을 했을 것이다. 너 큰일 났어, 임마.

"맡은 업무를 다해서요. 과차장님들은 아직이신 거 같긴한데 제가 도와드릴 일이 없는지 여러 번 여쭤봤지만 없다고 하셨습니다."

"일은 못해도 눈치는 있는 줄 알았는데, 아닌가 보네."

"할 일이 없는데 앉아 있을 순 없지 않습니까?"

"오호라, 할 일이 없으셔?!"

금방이라도 웃음을 터뜨릴 것 같은 효자손, 하지만 김 사원의 멘탈도 만만치 않았다.

"신입인데 제대로 된 교육도 없이 계속 방치만 하셨잖습니까. 저도 일하고 싶습니다. 그런데 아무도 저한테 관심이 없으시잖아요. 저 하루 종일 전화만 받았습니다."

"전화받는 게 뭐? 신입이면 전화받고 잡무하는 게 일이지. 들어온 지 세 달밖에 안 됐잖아. 그런데 뭐 계약이라도 따올래?!"

"저, 그럼 그만두겠습니다."

헉, 올 게 왔다. MZ세대의 반란. 말로만 듣던 세대 간의 충돌이다!

김 사원은 우리 표 사원, 신 사원과 마찬가지로 90년대 중반에 태어난 MZ세대다. 그와 칼을 겨눈 효자손은 80년생. 사전적 의미로야 효자손도 MZ세대다. 하지만 80년생인 효자손이나 85년생인 나는, 사실 90년대 생들보다 70년대 중반의 선배들과 묶이는 쪽이 편했다.

신입 때부터 보고 배워온 70년대 생 선배들의 가르침과 사내 분위기는 이미 몸에 익숙해진 지 오래. 마음이야 개인주의 좋고, 워라밸도 찬성이지만 조직이란 곳에서는 그게 뜻처럼 되지 않는다는 것을 우리는 알고 있었다.

그런데 지금, 우리가 '알고 있지만 감히 못하는 것'을 후배들이 하고 있다. 그러면 감사하고 반가운 마음이 들까.

아니었다. 우리에게 보다 익숙한 것은 워라밸의 당위성이 아니라 조직의 논리였다. 그래서 너희들이 아무리 MZ라지만 사회생활은 그렇게 하는 거 아냐, 라고 말하면 후배들이 그랬다. '선배도 똑같네요. 젊은 꼰대가 더 나빠요.'

"협박이야? 좋아. 그만두고 싶으면 그만둬. 그거 말릴 사람 아무도 없습니다아. 조직은 당신을 대체할 사람이 많다는 걸 알거든."

효자손이 호기롭게 대답했다. 하지만 그는 내심 걱정했을 터였다. 그의 직속 후배 반란은 이번이 처음이 아니다. 효자손의 고압적인 자세와 거친 업무 스타일은 늘 문제를 일으켰다. 밑에 일했던 과차장들은 누구나 할 것 없이 인사팀을 찾았다.

어느 날 과장 하나가 효자손의 막말에 공황장애가 생겼다며 병가 신청을 한 적이 있다. 문제는 그 과장의 아버지가 내로라하는 대학 병원의 유명한 교수였다는 사실이다. 사람들은 아들이 그렇게 됐으니 가만히 있지 않을 것이라며 스카이캐슬급 시나리오를 써댔다. 아무리 효자손이 골드라인이어도 이번에는 버티지 못하고 한직으로 발령 날 것이라고도 했다. 하지만 그는 지금까지 보란 듯이 잘 먹고 잘살고 있다. 그것도 회사의 가장 핵심 부서인 기획실 전략팀장으로.

처음에는 다들 역시 골드라인이 끗발이 세다고 했다. 그런데 또 다른 말이 돌았다. 우리 DM산업이 화장품 업계 최초로 대형 연예 기획사와 파트너십을 맺는 일에 그가 혁혁한 공을 세웠다는 것이었다. 그리고 이어진 결정적 증언. "전 진짜 그렇게 아부 잘하는 사람 처음 봤어요. 왜 영업직들은 무릎이 닳도록 다닌다고 하잖아요. 살아 있는 전설을 보는 느낌이었습니다. 존경할 수밖에 없었습니다." 그를 따라다닌 후배의 말이었다.

그런데 지금 신입이 또 한 번 계란으로 바위치기를 시도하고 있다.

"그만해, 그만."

보다 못한 기획팀장이 자리에서 일어나 신입을 데리고 밖으로 나가버렸다. 삽시간에 사무실은 고요해졌다.

나는 조용히 단톡방에 카톡을 남겼다. 왠지 걱정이 됐다. MZ세대에 속하는 표 사원과 신 사원이 전략팀 신입의 행동을 보고 영향을 받을까 봐 괜히 두려웠다.

'조용히 가방 싸세요. 퇴근들 합시다.'

3

퇴근길, 서 팀장에게 카톡을 보냈다.

'선배, 효자손 밑에 있는 후배 또 인사팀 갈 거 같던데요?'

'어. 들었다. 한바탕했다며?'

'와, 신입 무섭더라고요. 왜 자기 교육도 안 시켜주고 전화만 받게 하냐고. MZ세대 무섭다더니 찐이네요.'

'너 요즘 부장님들이나 임원들이 뭐 공부하는지 들어봤어? 90년대 생을 공부해. 요즘 세대들은 사고방식이나 문화가 달라서 걔네를 알아야 대화하고, 이해할 수 있다는 거야. 어르신들도 이렇게 애를 쓰는데 우리도 해야지. 그래서 난 가끔 신입에게 적응이 안 되면 생각해. 아, 쟤는 90년대 생이라 그렇구나. 그럴 수도 있겠구나. 그럼 뭐 마음이 편해져.'

'나도 조심해야겠는데요. 우리 팀에 둘 다 90년대 생이잖아요.'

'맞네ㅋㅋㅋ 후배들 눈치 좀 보겠는데?'

'완전요.'

'팀원들 밥도 사 먹이면서 달래기도 하고, 재밌는 얘기도 좀 해주고, 요즘 고민거리는 뭔지도 좀 물어봐주고 그래라.'

'일만 하기도 바빠 죽겠는데 팀원들 신경 쓸 시간이 어디

있어요! 저 요즘 밥도 빵으로 때우고 일해요.'

'헐, 야. 넌 뭐 차장 때도 안 하던 짓을 해ㅋㅋㅋ. 팀장이면 팀원들 밥도 챙기고 그래야지. 일보다 더 중요한 게 팀원이야. 난 팀원들 생일부터 집 주소, 심지어 팀원들 부모님 생신도 다 적어놨어. 아, 맞다. 너 본가에 있는 강아지가 푸들이고 이름은 백설이지? 내가 뭐까지 적어놨는 줄 알아? 진서연, 얘는 트리플 A형, 예민하고 소심함. 농담이라도 상처 잘 받음. 자잘한 실수가 많으니까 두 번 세 번 체크 필수.'

'어머. 그 정도로 선배가 날 신경 썼다고요?! 감동인데, 은근ㅋㅋㅋ.'

'효자손 밑에서 개고생하던 애가 내 밑에 왔을 때, 반갑기도 했지만 사실 엄청 긴장했어. 나중엔 내가 네 눈치까지 보게 되더라고. 일은 시켜야겠는데 뭘 잘하는지, 어느 수준인지 모르겠고. 뭘 물어보자니 표정은 뚱하고. 다른 팀일 때는 몰랐는데 팀원으로 데리고 있으니까 다르게 보이더라고. 실수가 많은 거 같은데 센스는 있고, 머리가 엄청 좋은 거 같진 않은데 보고서를 구조화하는 건 기가 막히고, 글은 잘 쓰고 숫자에는 젬병, 기본적으로 일하기는 싫어하는 거 같은데 좋아하는 일에는 열정도 있고. 좀 뚱해 보이는 표정 그것도 알고 보니 평소 표정이고ㅋㅋㅋ.'

팀원일 때는 몰랐다. 팀원만 팀장의 눈치를 보고 팀장에게 맞춘다고 생각했다. 팀원들이 입을 모아 팀장님 먼저! 팀장님 최고! 팀장님이 원하신다면 무엇이든! 하기에 부럽기까지 했다.

아니었다. 팀장도 팀원의 눈치를 보고, 팀원에게 맞춰야 했다. 팀원은 팀장이 명령만 하고 아무것도 하지 않는다고 생각하지만, 팀장은 명령을 하는 것부터 자신이 뱉은 명령이 기대하는 결과물로 올 때까지 수정하고, 반성하고, 곱씹는다. 또 그 과정을 단축시키기 위해 팀원마다의 지시, 피드백 스타일 매뉴얼을 만들어야 하는 것이다. 그래서 팀장이 된 순간, 가장 먼저 해야 할 일은 팀원에 대한 파악이다.

그런데 나는 팀원과 회사생활의 기본이라는 밥도 같이 먹어본 적이 없다! 가족도 한 집에서 함께 밥을 먹어야 식구라던데, 한 공간에서 가족보다 더 많은 시간을 같이 보내면서 스쳐지나가는 인연보다도 못한 채로 지내고 있었던 것이다.

팀원들에 대해 아는 것도 없었다. 회사에 들어오게 된 계기, 현재 하는 일에 대한 생각, 앞으로의 인생 계획에서부터 어디에서 사는지, 출퇴근은 무엇으로 하는지, 형제 관계는 어떠한지, 결혼은 했는지와 같은 아주 시시콜콜한 것도 당연히 몰랐다.

변명을 하자면 너무 사적이라고 생각했다. 친교 관계도 아닌 그들에게 꼬치꼬치 캐묻는 것은 타인에게 허락된 '선'을 넘는 것이라고 생각했다. 미국의 유명한 인류학자 에드워드 홀도 사무적이고 공식적인 거리는 2미터라고 하지 않았는가.

하지만 지금 표 사원, 신 사원과의 거리는 멀어도 너무 멀다. 서로의 감정을 확인할 수 있는 친구나 잘 아는 사람끼리의 거리라는 45센티미터 정도면 팀장과 팀원 사이로 적당한 듯 보였다. 더 가까워지는 것은 내가 사양이다. 팀원들이 밝히기 싫은 것은 알 필요도, 알고 싶지도 않았다. 단, 내가 그들에게 일을 지시할 때 어떤 마음으로 하고 있고, 일을 하면서는 어려움이 있는지 없는지, 회사생활에 불편은 없는지, 혹여 나한테 불만은 없는지 정도가 알고 싶었다.

출근길, 사무실을 들어서며 다짐했다. 내가 먼저! 팀원들한테 살갑게 다가가보자! 팀원이 먼저다! 그다음이 일이지. 하지만….

"진 팀장! 실장님이 팀장 전체 긴급회의 소집. 펜만 가지고 회의실로 오세요!"

기획팀장이 저 멀리서 손짓하며 불렀다. 하아, 팀원은 무슨. 일이 먼저지.

첫 회식

1

어쩐지 아침부터 10층 전체가 시끌벅적 난리더니.

게다가 다른 층에 있어야 할 팀장들까지 실장 방 주위로 삼삼오오 모여 있다.

회의가 시작됐다. 전 본부의 팀장들이 모인 듯했다. 실장이 입을 열었다. 제품에 이물질이 발견됐다는 신고가 있었단다. 실장의 첫 마디에 팀장들의 표정은 하나같이 시큰둥했다. 종종 있는 일이잖아, 왜 저렇게 호들갑이야 하는 얼굴이다. 하지만 이어진 실장의 말은 심각했다.

불매 운동이 시작됐다고 했다. 모든 제품 리뷰에 'DM산업

out'이라는 밈이 붙고 있다고 했다. 그게 끝이 아니었다. 해결 방법을 찾지 못하고 있었다. 최초 신고자가 이물질 문제를 맘카페에 게시하고서는 바로 잠적했단다. 절차상 제품이 회수되어야만 이물질을 분석하고, 혼입 경로 등을 파악할 수 있다. 불량품이 회사로 들어오지 않는 이상 회사에서 할 수 있는 일은 아무것도 없었다. 얼마 전에는 경쟁 회사의 수분크림에 중금속 성분이 기준치를 초과한 것으로 밝혀져 업계 전체가 뒤집어졌었다. 그러다 지금은 잠잠하다. 우리 회사의 이물질 이슈가 중금속 이슈를 덮어버린 것이다.

"소분팀은 몰랐나요?"

"아… 네…."

네라니, 진서연. 후회했다. 나의 대답은 '네, 소분팀은 해야 할 일을 하고 있지 않습니다'라는 뜻이었다. 실장은 더 이상 묻지 않았다. 최 실장 옆에 앉은 효자손의 입꼬리가 살짝 올라가는 게 느껴졌다. 다른 팀장들은 실장의 말이 끝나기가 무섭게 입질하는 물고기들처럼 너도나도 본인 팀의 위기 대응 프로세스를 브리핑한다. 아니, 지금 이물질 이슈, 여기서 처음 듣는 거 아니었어? 다들 어떻게 저렇게 준비한 듯이 말하지?

회의는 찝찝함만 남기고 끝났다. 마음이 급해졌다. 학교에서는 진도를 따라가지 못하면 나머지 공부라도 해주잖아, 회사에서는 분위기를 따라가지 못하면 나머지 과외 같은 거 안 시켜주나. 저만치 앞서간 선배 팀장들을 붙잡고서 매달리고 싶었다.

자리에 앉자마자 하던 모든 일을 접고 빅데이터 트렌드를 검색해볼 수 있는 사이트를 열었다. DM산업과 관련된 감성어들 일명 긍정어와 부정어 등을 살폈다. 시기별로 나눠 검색량의 추이를 살피면 어느 커뮤니티에서 여론이 시작됐는지 알 수 있다. 이 팀장의 인수인계 항목에서 빅데이터 툴을 보고 미리 손에 익혀둔 것이 다행이라면 다행이었다.

2

몇 시가 되었을까.

기계적으로 손을 뻗어 입에 가져간 커피 잔에 커피가 한 방울도 남지 않았을 때 핸드폰을 들여다봤다. 7시 10분. 잠깐 7시? 두 눈을 의심했다. 퇴근시간이 훌쩍 지나 있었다. 설마 하고 주변을 둘러봤다. 파티션 너머로 표 사원과 신 사원의 머리끝이 보였다.

"아니, 퇴근들 안 했어요?"

내 말에 표 사원과 신 사원이 동시에 고개를 번쩍 들었다. 기다렸던 모양이다.

"바쁘신 거 같아서요."

"아니, 시간 되면 들어가지. 왜."

"…"

이들은 근무시간을 분초 단위로 따져 추가 근무 수당을 요구하고, 워라밸을 필요충분조건으로 여긴다는 MZ세대가 아니던가.

"갑시다. 나 거의 끝났어."

"네."

"넵."

두 사원이 주섬주섬 가방을 챙겼다. 꼬르르륵 배가 요동을 쳤다. 점심도 샌드위치로 대충 때운 위가 소리를 질러댔다. 밥 줘!! 집까지는 한 시간. 도착해서 씻고, 밥 차리면 어휴, 언제 먹어. 밥 먹고 갈까. 팀원들한테 밥 먹자고 할까. 아니야, 1분이라도 일찍 퇴근하고 싶겠지. 그래도 밥 사준다고 하면 좋아하지 않을까. 아니 팀장이랑 밥 먹고 싶어 하는 팀원이 어디 있어. 마음이 여러 갈래로 나눠 싸웠다.

"저기… 나 밥 먹고 갈 건데… 혹시 같이 먹을 사람 있어요? 강요 아니고요. 혼자 먹어도 되는데 그래도 혹시나 해서 물어보는 거거든요. 진짜 강요 아니에요. 메뉴는 안정했어요. 근데…."

"저 배고파요."

신 사원이 대답했다.

"저도요."

표 사원도 대답했다.

3

삼겹살이 지글지글 익어갔다.

두꺼운 돌판에 오른 벌건 신김치도 돼지기름에 자글자글 끓어올랐다. 무의식적으로 침을 꼴깍 삼키는데 신 사원과 눈이 마주쳤다. 살짝 민망해 배시시 웃었다. 그랬더니 신 사원도 풉 하고 웃는다.

"사실 나 며칠 전부터 삼겹살이 먹고 싶었거든요. 근데 혼자 도저히 못 먹겠더라고. 표 사원, 삼겹살 혼자 먹을 수 있어요? 나 옛날에 혼자 삼겹살 구워 먹는 여자 보고 되게 궁상맞다고 그랬거든."

늦게까지 나를 기다려준 후배들이다. 불판을 앞에 두고 그들을 보니 불 때문인지 감정 때문인지 얼굴이 붉게 달아올랐다. 그러니 솔직한 마음도 술술 흘러나왔다.

"아뇨."

표 사원이 수줍게 말했다. 그녀의 얼굴에 보조개가 쏙 들어갔다. 보조개가 있었네.

"아, 두 분 혼밥 레벨 낮으시네요. 삼겹살 혼자 먹는 건 레벨 8정도 되거든요? 삼겹살 혼밥보다 레벨이 높은 게 혼술인데, 전 혼술까지 가능합니다. 크크."

신 사원이 신이 나는지 엉덩이를 들썩이며 말했다. 저렇게 밝은 친구였구나.

"와, 난 술은 진짜 혼자 못하겠던데."

"팀장님, 인생의 쓴맛을 좀 진하게 겪으면 혼술에 깡소주도 가능해요!"

신 사원이 너스레를 떨며 고기를 뒤집었다. 그 바람에 기름이 탁 하고 얼굴에 튀었다. 하지만 이 분위기를 깨고 싶지 않아 티 내지 않았다. 나는 둘에게 잘 보이고 싶었다.

"와, 술 얘기하니까 술 당기네. 이거 진짜 강요 아니고요. 내가 요즘 좀 힘들어서 술 한 잔 하고 싶은데… 술 시켜도 될까요?"

"오, 팀장님이 저희들한테 술 허락을 구하시는 건가요. 크하하. 삼겹살엔 소주죠?"

신 사원이 종업원을 불러 술을 시켰다. 처음처럼. 서 팀장과 처음으로 먹었던 술이다.

"미안해요. 내가 사실 밥도 좀 자주 먹고 술자리도 만들려고 했는데 요즘 회식 같은 거 안 하는 분위기잖아요. 팀원들한테 부담 주기도 싫고, 퇴근하면 집에 빨리 가고 싶을 거 같아서 나름 고민했어요."

조심스러운 나의 고백에 신 사원이 입을 열었다.

"음, 속마음 털어놓는 분위기니까 말하자면, 저 좀 섭섭했습니다. 다른 부서들은 이미 다들 회식했더라고요. 술도 여러 번 먹었고요."

"아, 진짜? 몰랐네. 표 사원은 어때요? 회식 괜찮아요?"

"저는 술을 잘 못해서요…."

"이것 봐. 술 싫어하는 사람 있다니까."

"아, 술 싫어하면 콜라로 하면 되죠. 그죠, 팀장님?"

신 사원이 말을 받아 물었다.

"완전 허락이지!!"

"와, 이런 의미에서 우리 짠하죠!!"

처음으로 소분팀의 잔이 모였다. 짠 하고 유리잔 부딪히는 소리가 났다.

술이 들어가야 진심이 나온다는 선배들의 말에 코웃음을 친 적이 있다. 회사에서 먹는 술은 고통이라고만 생각했다. 그러나 취기가 오르니 입이 풀리고 마음이 편해졌다. 낯설고 어색했던 사이가 조금은 느슨해졌다. 가끔은 이렇게 후배들을 데리고 술을 마셔도 될까?

"제 꿈이 사실은 영화감독이거든요. 고등학교 때부터 독립영화 시나리오도 쓰고 현장에도 가서 스크립트 보조도 했었어요."

"와, 멋있다. 근데 어쩌다 이 업계로 온 거예요?"

"돈 때문이죠, 뭐. 영화판이야 봉준호, 박찬욱 정도 아니면 굶는 건 일도 아니니까요. 저희 부모님이 나이가 많으시거든요. 계속 꿈만 쫓을 순 없겠더라고요. 그래서 가장 먼저 합격한 데 온 거예요. 그게 여기고요."

"표 사원은?"

"전… 그냥 DM산업 제품을 좋아해서…."

"오, 나 신입사원 면접도 아닌 데서 우리 제품 좋아서 들어왔단 사람 처음 봐. 뭘 좋아해요?"

"예전에 단종된 제품인데요, 퓨어 오일이라고 그 시리즈 좋아해요."

"퓨어 오일? 그거 인기 없어서 팔다가 말았지, 아마?"

"네… 그거 진짜 좋거든요. 다시 나오면 잘될 거 같은데…."

"난 우리 회사 제품 일절 안 써서 잘 모르겠네. 특히 사무실에서 나는 그 냄새 있지? 남자 스킨 냄새 같은 그거. 나 완전 극혐."

그러자 신 사원이 공통점을 찾았다는 듯 호들갑을 떨며 말을 받았다.

"대에박. 저도요. 그거 꼭 할아버지한테서 나는 은단 냄새 같지 않아요? 너무 올드해요."

"내가 언젠가는 그 디퓨저 향 바꿔달라고 공식 건의할 거야."

"가능할까요? 우리 대표님 할배 중의 할배잖아요. 요즘 다른 업계 대표들은 다 80년대 생으로 물갈이됐다는데 왜 우리 회사는 안 바뀌는 걸까요? 젊고 잘생긴 바지 사장만 내세워도 우리 회사 이미지가 좀 젊어질 텐데."

"오… 신 사원, 그런 거까지 생각하는구나."

"당연하죠. 제가 다니는 회사 이미지가 좋아야 어깨뽕도 들어가고 그렇죠."

셋은 그렇게 웃고 떠들었다. 불판이 빠지고 된장찌개가 들어왔다. 하얀 백반 위에 짭조름한 찌개 국물을 얹어 먹으니

꿀맛이었다.

"팀장님, 원래 밥 먹으면서 일 얘기하는 거 아닌 거 아는데 궁금해서요. 오전부터 팀장님들 바쁘시던데, 사고 터진 거죠?"

"아, 미안해요. 그러고 보니 내가 팀원들한테 상황도 공유 안 했네. 제품에 이물질 이슈가 있어요. 우리가 선제적으로 여론 스크린을 했다면 대응이 빨랐을 텐데 내가 다른 걸 하느라 신경을 못 썼어. 무튼 우린 빅데이터 분석해서 여론 추이를 작성하기로 했고 거의 다했어요."

"저 사실 빅데이터 그거, 매일 들어가 봤거든요. 안 그래도 얼마 전부터 커뮤니티에 우리 제품 얘기가 엄청 쏟아지더라고요."

"아, 그랬어? 나한테 말이라도 좀 해주지."

"너무 바쁘셔서… 제가 끼어들 틈이 없어가지고…. 그리고 이게 보고할 만한 건인지 아닌지 몰라서요…."

"아, 내가 진작에 팀원들한테 모니터링 업무를 맡길 걸 그랬네요."

다 내 탓이다. 빨리 처리한답시고 혼자 끌어안고 끙끙대느라 정작 중요한 것들을 놓치고 있었다. 일 처리에서 중요한 것은 속도만이 아니었다. 팀장이라면 업무의 큰 그림을 그리고 중요도별, 우선순위별 등으로 업무를 나눠 팀원들에게 분배했어야 했다.

“아무튼 그래서 가장 언급량이 많은 맘카페에 들어가 봤거든요. 요즘 화장품 이름만 입력하면 성분이 좋은지 안 좋은지 분석해주는 어플이 있대요. 근데 거기서 우리 상품이 안 좋게 나왔나 보더라고요. 애들한테 썼다가 아토피가 생겼다는 글도 올라오기 시작했고요.”

“무슨 성분이래요?”

“파라벤이요.”

“엥? 그거 안 들어가는 화장품 없을 텐데.”

“그죠. 근데 암을 유발하네 어쨌네 하면서 선동하는 글이 주기적으로 게시되는 느낌이 들었어요.”

“음… 그럼 이번 이물질 이슈는 누가 일부러 꾸몄을 수도 있다 그런 뜻인 거죠?”

“네, 그래서 제가 그 글을 쓴 사람을 좀 추적해봤어요. 글 쓰고 댓글 달고 하는 사람이 어림잡아 다섯 명 내외인 거 같더라고요. 무엇보다 이상한 게 경기맘이 부산맘이 되어 있고, 그 사람과 비슷한 아이디가 비혼주의자 모임? 뭐 거기에도 글을 썼더라고요.”

“뭐지?!”

"조작이죠, 댓글 조작. 이거 제가 내일 좀 파볼게요. 현재 이슈 파악도 중요하지만 왜 이런 일이 생겼는지 그리고 만약 악의적으로 그런 거면 처단해야죠."

"오, 그래 줄래요? 이거 제대로만 밝혀지면 회사도 대응하기 쉬울 거 같고, 분위기 반전의 기회도 될 거 같거든요."

그러자 가만히 앉아 듣기만 하던 표 사원이 입을 열었다.

"전 뭘 하면 될까요?"

"표 사원은 우선 신 사원이랑 같이 알아봐주시고 나중에 내가 문서 작업할 일 있으면 요청할게요."

"네."

"다들 고마워요. 그리고 미안하고."

"일이잖아요. 그리고 뭐가 미안하시죠?"

"그냥 뭐 다요."

4

온몸에서 냄새를 풍기니 지하철 안 사람들이 슬금슬금 피하는 느낌이 들었다.

퇴근길 술 냄새가 나던 아저씨를 멀리한 적이 있다. 그게 이제는 내가 됐다고 생각하니 웃음이 났다. 이제야 제대로 대한민국 직장인이 된 것 같았다.

난 왜 팀원들에게 지금껏 거리를 두었나 생각했다. 겁이 났던 것일까. 나는 인간관계에서 늘 좋은 사람이고 싶었다. 그런데 팀장은 그러기가 힘들었다. 싫은 소리를 해야 하고 일을 시켜야 하고 동시에 잘못한 것을 지적해야 하는 입장이니까. 그래서 늘 어려웠다. 팀원들에게 자잘한 일을 시키면서도 마음속에서는 계속 같은 문장을 되물었다. 애들이 날 싫어하면 어쩌지.

팀원들에게 일을 시켰을 때 마음처럼 만족스러운 결과물이 나오지 않는 것도 힘들었다. 신입 교육은 계속 진행 중이었지만 팀원들은 생각보다 발 빠르게 따라오지 못했고, 깔끔하고 완벽하게 내가 더 이상 손을 대지 않아도 될 정도로 업무가 처리되고 있다는 느낌을 받지 못했다. 매번 실수를 했고 누락했으며, 난 늘 긴장하고 한 번 더 확인해야 했다. 시간이 들고 품이 너무 많이 드니 '차라리 내가 하고 말지'라는 생각이 들었던 것도 사실이다.

하지만 이제 알 것 같다. 나는 그럼에도 불구하고 그들에게 일을 주고 일을 시키고 책임을 져야 하는 것이다. 일은 지금보다 점차 늘어갈 것이다. 그렇다면 그들을 나의 손과 발처럼,

혹은 내가 없어도 굴러가는 팀이 되도록 성장시켜야 했다.

이미 그들은 준비되어 있었는데 나만 혼자 빗장을 걸어 잠그고 있었다. 문만 열면 같이 전장에 나갈 전사들이 있는데 혼자 무기를 다듬고 전략을 짜며 고민했다. 알았으니 지금이라도 문을 열고 그들과 나누면 된다. 그날이 지금이라고 생각하니 괜히 설레고 힘이 났다. 무거웠던 마음이 한결 가벼워진 느낌이다.

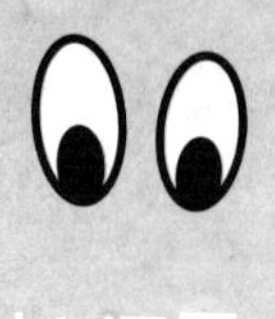

나의 MZ들

1

출근길, 8시 50분이 막 지나가고 있었다.

나는 들여다보던 핸드폰의 시계에서 시선을 거두었다. 그러고는 곧장 단톡방에 메시지를 치기 시작했다.

'모닝커피 주문받습니다.'

'오, 전 아아요.'

'전 따바라 먹겠습니다. 아, 뜨거운 바닐라라떼입니다.'

'아, 뭐야. 나 그 정돈 알아들어ㅋㅋ.'

'넵ㅋㅋㅋ 혹시 몰라서.'

'팀장님, 감사합니다!'

'감사합니다!'

'ㅎㅎㅎ 이따 봐요~'

신 사원은 얼죽아고, 표 사원은 따뜻하고 단걸 좋아하는구먼. 팀원들의 취향을 입력하며 나는 이제야 진짜 팀장이 된 것 같은 느낌이 들었다.

부산한 아침이 이어졌지만 피곤하지 않았다. 무거웠던 짐을 팀원들과 나눠 짊어진 느낌이었다.

며칠 후 실장을 주축으로 한 팀장급 회의가 다시 열렸다. 오늘 회의에는 10층 기획실 외에 홍보팀 서 팀장과 마케팅팀장, 영업관리팀장뿐만 아니라 평소에는 얼굴도 보기 힘들었던 연구개발팀장도 참석했다. 무거운 표정으로 최 실장이 입을 뗐다.

"이물질 이슈는 여러 번 있었던 일이라 여러분들이 대수롭지 않게 생각할 수 있는데, 이번엔 좀 양상이 달라요. 성분 문제에다가 이번에 바꾼 모델이 또 마약 혐의로 조사를 받는 바람에 사람들 사이 DM산업의 DM이 대마의 약자가 아니냐는 말까지 돈다고 하네요. 커뮤니티발 여론이 심상치 않다는 게 내 느낌인데, 어때요? 뭐 좀 나왔나요?"

최 실장이 나를 쳐다봤다. 팀장들의 눈이 모두 나에게 쏠렸다. 왜 자꾸 나한테만 질문이 쏟아지는 거야. 얼떨결에 팀장이란 직책을 달아 한 자리에 있지만 팀장들 모두 나에게는 까마득한 선배들이다. 효자손과 또 눈이 마주쳤다. 이번엔 어디 보자 하는 눈빛이다. 더 긴장이 됐다.

"아… 저희 소분팀에서는… 아, 소비자분석팀에서는… 아시겠지만, 네. 저희가 빅데이터 분석을 하는데… 이게 추이를 보니 부정어가 많이 늘어서, 특히 불매란 단어가 연관어로… 그래서 이게 커뮤니티를 중심으로 확산하는…."

목소리가 떨렸다. 지난 회의에서는 당황해서 말이 잘 나오지 않았다면, 이번에는 할 말은 많은데 머릿속이 정리가 되지 않으니 혀가 계속 꼬였다. 내가 말을 하는 것인지 내 입이 말을 하는 것인지 정신이 혼미해졌다.

그때였다. 옆에 앉은 서 팀장이 손을 잡더니 입을 움직여 그런다. '괜찮아, 천천히 해.'

"그러니까… 네, 후우…."

"그러니까 소분팀장 말은 실장님의 말씀대로 커뮤니티 여론이 심각한 게 확인이 됐다, 이거죠?"

서 팀장이 내 말을 한 문장으로 정리해 나에게 되물었다. 고마워요, 선배.

"네, 맞습니다. 그리고 그게 그냥 부정적인 여론이 아니라 조작적인 흐름이 잡히는 거 같다는…."

그러자 효자손이 의자를 뒤로 쭈욱 젖히더니 시니컬하게 말한다.

"아니 뇌피셜로 그러지 말고 근거를 가져와야죠. 지금 팀장이 빅데이터 그거 한 번 돌려보고 어? 누가 우리 회사를 모함한다 그러면, 회사 전체가 그거 하나 믿고 우르르 움직여야 합니까?"

"네. 지금 저희가 파악 중인데요. 아무래도 경쟁 회사에서 일부러 그런 댓글을 다는 게 아닌가 하는 느낌을…."

"느낌 말고요. 저기요, 팀장님. 그러니까 그런 댓글이 누군가 의도를 갖고 조작했다는 증거를 가져오라고."

"그건 나 팀장의 말이 맞는 거 같네요. 진 팀장이 보기에 어떤 흐름이 잡혔거나 뭘 발견했거나 그런 게 있는지 궁금하네요."

최 실장이 한마디 더 거들었다. 등줄기에 식은땀이 주르륵 흘러내렸다. 효자손은 미간을 찌푸리며 언제라도 널 잡아먹겠다는 식으로 달려들었다. 원망스럽지만 어쩔 수 없었다. 아직은 내 손에 든 게 없었다. 증거는 신 사원이 여전히 찾고 있는 중이었다.

"그게…."

그때였다. 누군가 슬그머니 문을 열고 들어왔다. 나는 최 실장 질문의 답을 생각해내느라 미처 문 쪽으로는 고개를 돌리지 못하고 있었다.

"팀장님, 자료. 자료요."

신 사원이었다. 신사원이 가까이 다가와 내 귀에 대고 속삭였다. 그가 가져온 자료는 며칠 전 삼겹살집에서 말한 그대로였다. 맘카페에 쓴 아이디, 직장인 카페에 쓴 아이디 그리고 마지막 인스타 아이디 모두가 corncorn0808이라는 것. 아이디 주인의 인스타 사진까지 있었는데 그의 목에는 우리 경쟁사의 출입증이 걸려 있었다!

갑자기 심장이 뛰었다. 아까와는 다른 두근거림이었다. 숨소리는 점차 침착해졌다. 이제 됐다라는 안도감이 들었다.

"근거 찾았습니다."

나는 신 사원이 가져온 자료를 최 실장 앞에 들이밀었다. 그리고 설명했다. 웬일인지 아까보다는 말하기가 좀 편해졌다. 나에게는 같은 편, 팀원이 있다는 안도감이랄까. 한참을 듣던 최 실장이 한마디했다.

"나 팀장, 지금 법무팀 좀 올라오라고 할래요? 이거 문제 좀 키워야 할 거 같아."

효자손이 바로 전화를 걸며 나갔다. 그와 눈이 마주쳤다. 처음 보는 눈빛이 읽혔다.

"이거 잘하면 경쟁사에 타격을 주면서 우리 이미지도 개선할 수 있겠어."

"실장님, 이참에 우리 홍보 방향도 바꾸는 게 어떨까 싶어요. 저희 지금 계속 화장품 성분에 대한 사람들의 불안을 달래는 식으로 가고 있거든요. 근데 진 팀장이 가져온 정보에도 나와 있지만 사람들이 과도하게 생각하는 점이 분명히 있어요. 바르면 암이라도 걸릴 것처럼 겁을 먹는 성분이 사실은 소량 사용하면 전혀 문제없는 거잖아요. '잘못된 상식'을 바로잡고, 그걸 우리가 선도하는 것으로 홍보 방향을 바꾸는 게 어떨까 싶습니다."

서 팀장이 받아 얘기했다. 그러자 최 실장이 짧게 박수를 치며 말했다.

"좋아. 내가 법무팀하고 이 문제 관련해 우리가 어디까지 문제 제기를 할 수 있을지 논의하고, 향후 홍보 방향에 대해서도 건의해볼게요. 자, 시간이 없어요. 다 각자 자리에서 각 부서에서 할 수 있는 일들을 찾아봅시다."

팀장들이 우르르 흩어졌다. 태세는 바뀌었다. 이제 우리의 문제를 찾아 방어하는 것이 아니라 우리의 문제를 만든 적을 공격하는 타이밍인 것이다. 나는 회의 내내 목구멍 깊이 묵혀두었던 숨을 길게 내쉬었다. 후들거렸던 손도 진정이 됐다.

2

"진 팀장, 수고했어. 아주 잘했어."

최 실장이 회의실을 나가며 엄지를 치켜올렸다. 하아, 이 기쁨을 뭘로 표현해야 할까. 직장생활 이후 난생 처음 받은 칭찬이었다.

"으이구, 잘했쪄요."

서 팀장이 나를 꼬옥 안아줬다. 그 바람에 마지막 남아 있던 긴장까지 스르륵 풀렸다.

"하아… 팀장님 진짜 저 너무 많이…."

"알아, 긴장했지? 담엔 보고하기 전에 리허설이라도 하고 와. 원래 처음엔 다 그래. 목소리도 떨리고 말은 생각 안 나고 머리는 하얗고. 경험이 쌓이면서 느는 거거든."

"네, 선배."

"아, 그리고. 아까 그 친구가 신 사원이지? 문제아인 줄 알았는데. 아닌 거 같던데?"

"그러게요."

"잘해줘. 많이 가르쳐주고. 그러면서 너도 성장하는 거니까."

"네, 선배."

자리로 돌아가니 신 사원과 표 사원이 벌떡 일어나 내 표정을 살핀다.

“우리 사고 제대로 친 듯.”

“사고요?”

“어. 신 사원이 찾아낸 걸로 임원회의 소집될 거 같아.”

“제가 잘못…”

“아니, 신 사원이 한 건 했어. 우리 경쟁사에 법적 대응할 거 같아.”

“오, 대박.”

“최 실장님이 잘했다고 칭찬도 하셨어. 고생했어. 둘 다. 진짜 딱 필요할 때 신 사원이 나타나서 얼마나 다행이었는지.”

“다행이네요. 사실 카톡으로 알려드릴까 싶었는데 회의 중이라 못 보실 거 같아서 회의실에 들어간 거거든요. 얼마나 떨리던지….”

“그랬구나. 고마워, 진짜. 신 사원 센스로 내가 구사일생했지 뭐야.”

웃고 떠들다 보니 점심시간이 다 됐다. 오늘의 기쁨을 팀원들과 나누고 싶었다. 슬쩍 그들에게 점심을 타진했다.

“혹시… 점심 약속 있어요?”

“아, 전 없습니다.”

신 사원이 대답했다.

"표 사원은요?"

"전… 점심에 할 일이 있어서."

"아? 그래요. 편하게 하세요. 그럼 우리 메뉴나 한 번 정해 볼까요?"

"팀장님, 혹시 이 근처 새로 생긴 즉떡 드셔보셨어요?"

"오, 떡볶이? 내가 떡볶이 좋아하는 거 어찌 알고."

"여자들 중에 떡볶이 싫어하는 사람 있나요."

"오, 여자 좀 아는데? 나가죠."

"넵!"

신 사원과 나가는 길, 멍하니 컴퓨터 화면만 바라보는 표 사원의 뒤통수가 외로워 보였다. 그래도 개인 사정이 있다는 팀원을 억지로 끌고 갈 수는 없는 노릇이었다. 나중에 점심을 같이 할 기회는 많이 있으니까 이번엔 패스.

요즘 유행한다던 로제 떡볶이가 눈앞에서 벌겋게 익어갔다. 그 옆에는 신 사원이 좋아한다던 갈릭 감자튀김도 함께 놓였다. 우리 둘은 일에 대한 이야기를 하면서도 즐거웠다.

"나도 그게 좀 이상하긴 했거든. 경쟁사 직원이 직접 댓글을 달 거란 건 생각도 못했어. 보통은 홍보 대행사에 의뢰해서 댓글을 달잖아."

"저도 아이디를 파볼 생각까지는 안 했거든요. 가짜 계정일 때가 많으니까요. 근데 막 만든 다른 계정에 비해 아이디가 너무 정성스러운 거예요. 그러다 블라인드에 올라온 글이 생각났어요."

"블라인드?"

"요즘 직장인들 익명 게시판이요. 거기서 회사 욕도 하고, 연애 상담도 하고 뭐 그러는 어플인데 누가 거기에 자기가 신입인데 회사에서 물건을 팔아오라고 시켰다면서 퇴사를 고민한다는 글을 올렸어요. 거기에 댓글이 엄청 달렸는데 어떤 사람이 자기네들은 댓글 알바를 시킨다는 거예요. 그 어플은 글 쓴 사람 소속 회사가 다 드러나거든요. 근데 거기가 경쟁사였어요."

"아, 그래서 알았구나! 나 또 신기한 거 있어. 인스타에 회사 출입증 드러나게 찍은 사진 올린 거!"

"자랑스러운 거죠. 외제차 사면 로고 옆에 손 올려두고 찍고, 명품 사면 들고 찍고, 남들 보기에 좋은 회사 다니면 회사 앞에서 찍고, 좋은 학교 다니면 학교 정문에서 찍고."

"난 나를 특정 하는 게 들어가면 싫던데. 왠지 오글거리잖아. 너무 자랑하는 티 내면."

"자랑하는 게 왜 부끄러워요. 자기가 열심히 해서 입사했고, 집이 잘 살아서 좋은 차 타고 좋은 옷 입는 건데.”

“신 사원은 인스타 해요?”

“저요? 전 워낙 사진이랑 영상 좋아하니까 종종 올려요.”

“아, 맞다. 영상 쪽에 취미 있댔지.”

“팀장님은요? 인스타 하세요?”

“나 계정만 있어요. 온통 풍경 사진이야.”

“팔로우 해야지.”

“표 사원도 하려나.”

“표 사원은 아마 안 할걸요. 몇 번 얘기해보니 좀 뭐랄까. 자발적 아싸 느낌이에요. 세상일에 완전 초연한, 관심 없는 그런?”

표 사원은 어떤 사람인 것일까. 말도 없고 속내를 드러내지 않으니 참, 답답하다.

“팀장님, MBTI 뭐예요?”

“나? 인…”

“제가 한 번 맞춰볼게요. 인프제(INFJ)?”

“어, 어찌 알았대.”

“척 보면 알죠. 외향은 아닌 거 확실하고, 좀 감성적인 면이 있고, 예술에도 관심이 있으신 거 같고, 평소 일하시는 스타일이 계획을 딱딱 세워서 처리하시니까?”

"오… 나에 대해서 나보다 더 잘 아는데? 그럼 나는 신 사원 맞춰볼까? ENFP?"

"땡! 전 엣팁입니다."

"그건 뭐야?"

"ESTP."

"아… 그걸 줄여서 엣팁이라고 하는구나."

"저는 모험하고 행동하는 사업가 유형입죠."

"그런 것도 같다. 근데 나 그거 잘 안 믿어. 혈액형도 그렇고 인간을 그렇게 나눈다는 거 자체가 좀 이해가 안가. 요즘 애들은 그걸로 사랑 고백 방법을 고민한다며. 좋아하는 오빠 MBTI가 뭔데, 그 특징을 공략해서 커플이 됐다 뭐 그런."

"오, 우리 팀장님. 요즘 애들 소리 하시는 거 보니 은근 꼰대신데요."

"뭐야, 아냐. 나 그래도 MZ세대에 속하는 85년생이거든."

"오리지널 꼰대보다 무서운 게 젊은 꼰대인 거 아세요? 나이는 어린데 생각은 늙은 거. MBTI요, 그거 저도 백프로 믿지는 않는데, 은근 사람 사귀는 데 도움이 돼요. 당장 저랑 팀장님만 봐도 내향인과 외향인인 거는 완전 차이 나잖아요. 제가 팀장님을 대할 때, 아… 팀장님은 내향인이니 그럴 수 있겠다 하면서 이해하는 거죠."

"그런가…."

"제가 팀장님 사생활은 모르지만 혹시 남친 계시면 한 번 알아보세요. 그 사람의 취향, 성격, MBTI로 보면 재미있거든요."

그래, 근데 안타깝게도 난 솔로네, 영원히 솔로일거고. 그나저나 표 사원 MBTI는 뭐려나, 궁금하네.

나는 계속해서 표 사원이 신경 쓰이고 있었다.

아웃사이더 표 사원

1

사무실에 들어오는데 표 사원이 급하게 책상 위에 있던 책을 덮는 게 보였다.

나는 그게 우리에게는 들켜서는 안 될 그 어떤 것이라는 생각이 들었다.

저거 때문이었구나, 개인적인 일이라는 게. 표 사원은 우리를 발견하고는 얼굴이 벌게졌다. 나는 그녀에게 뭐 하던 거냐고 농담처럼 묻고 싶었다. 하지만 그녀는 서둘러 자리에 일어나 사라져버렸다. 배신감 같은 것이 밀려왔다.

나는 그녀가 줄곧 점심을 따로 먹는 이유가 궁금했다. 처음에는 점심시간만큼은 개인의 자유이니 메뉴 선정이나 시간 사용에 관여하고 싶지 않았다. 혼자 먹고 싶을 수도 있고, 편히 먹는 게 좋을 수도 있을 것 같았으며, 점심시간에 다른 무언가를 하고 싶을 수도 있겠다고 생각했다. 내가 그랬기 때문이다.

나는 신입 시절, 팀원들과 같이 우르르 몰려가 먹는 점심이 너무도 싫었다. 막내인 나는 늘 11시가 되면 메뉴를 정해야 했고, 메뉴가 정해지면 예약을 해야 하는 곳인지 줄을 서야 하는 곳인지를 파악해야 했다. 이거 할까요, 저거 할까요 하고 물으면 사수인 효자손은 눈에 힘을 콱 주면서 말했다.

"이런 거까지 알려줘야 합니까?"

그래 놓고 알아서 결정하면 또 묻지 않고 결정했다며 나를 구박했다. 어디 그뿐인가. 식당을 정해 테이블에 앉으면 그때부터 또 다른 업무가 시작됐다. 이모님 불러 주문하기, 테이블 위에 냅킨 깔기, 숟가락과 젓가락 세팅하기, 컵에 물 따르기까지. 그날 메뉴가 탕이면 국자를 받아 위계에 맞게 순서대로 음식을 배분하는 것까지가 내 담당이었다. 밥을 먹다가도 반찬이 떨어진 게 없는지 확인해 리필해놓고, 누군가가 "아, 이게 없네" 하면 그에 맞게 대처하는 것도 신입의 역할이었다. 그러니 나는 맨날 체했다. 죽을 먹어도, 국만 먹어도,

는 속이 부대꼈고 입맛이 없었다. 그래서 밥을 남기면 또 그걸로 말이 나왔다. 복이 날아간다느니 다이어트하면 빨리 늙는다느니 하는 잔소리 말이다.

부서 이동 후, 나는 내 아래로 후배가 들어오자마자 점심 자유를 선언했다. 다행히 당시 사수였던 서 팀장의 이해와 묵인하에 매번 점심시간을 자유롭게 활용했다. 아주 가깝고 친한 사람들을 제외하고는 약속을 거의 잡지 않았다.

그런데 이제는 조금 서운한 거다. 가끔은 아주 가끔이라도 팀장인 나와 같이 밥을 먹어줬으면 좋겠는데. 나를 싫어하는 것일까, 내가 팀장이라 불편한 것일까, 팀원들이 어려워하지 않도록 격의 없이 대하고 행동하고 있다고 생각했는데 나만의 착각이었을까.

표 사원은 다른 무언가를 하고 있었다. 공부였을까. 요즘 신입들은 취업하자마자 투잡도 하고 자격증 공부도 한다니까. 그랬다면 저렇게 도둑질한 게 들킨 듯 놀라지는 않았을 것이다. 나는 확신했다. 표 사원은 이직 준비를 하고 있는 것이 분명했다.

그래서!! 최선을 다해 의견을 개진하지 않고, 적극적으로 참여하지 않는 것이다. 단톡방에서 말을 하는 것은 늘 신 사원과 나뿐이었다. 그녀는 '네' 정도의 대답만 할 뿐이었다.

그래서!! 팀장인 나와의 관계가 소홀해도 상관없으니 점심도 같이 안 하고 자기 얘기도 안 한 것이다. 어차피 이직하면 다시는 안 봐도 되는 사람이니까.

생각했다. 나도 신입 시절 이직을 생각했던 사람으로서 적극적으로 도와주진 못해도 비밀스럽게 이해하고 배려해주는 선배 정도는 될 수 있는데 하고. 그러니 괘씸하고 서운했다. 그렇다고 아는 척할 수는 없었다. 내가 본 게 아무것도 아닐 수도 있잖아. 그래, 확인부터 하자.

'신 사원, 혹시 표 사원에 대해 아는 거 있어요?'

'음… 어떤 거요?'

'뭐… 집안에 무슨 일이 있다든지, 개인적인 고민이 있다든지….'

'글쎄요… 그리 친하지 않아서….'

'음… 그럼 혹시 표 사원 누구랑 친한지 알아요?'

'글쎄요… 누구랑 대화하거나 같이 있는 걸 본 적이 없어서요.'

'그죠. 나도 본 적이 없네.'

그렇다면 발 넓고 세상 모든 소문을 다 알고 있는 서 팀장에게 물어봐야지.

'팀장님! 혹시 우리 표 사원요. 이 친구에 대해 아는 거 있

으세요? 아주 작은 거라도.'

'누구? 표? 아! 노랑머리?'

'네ㅋㅋㅋㅋ.'

'가만 보자. 그 친구가 지방대를 나왔지, 아마?'

'아? 그런 거 말고요.'

'계약직에서 전환된 건 진 팀장도 알 거고… 아, 맞다. 예전에 계약직으로 있을 때 주말에 일 터진 적이 있거든. 근데 그때 표가 일요일 자정이 될 때까지 전화도 안 받고 카톡도 안 봐서 당시 팀장이 꼭지 돌아서 난리 난 적이 있었지.'

'헐, 주말엔 무조건 비행기모드 뭐 이런 건가.'

'게다가 그 일이 표 사원이 담당하던 업무여서 수습이 안 된 거야. 다음 날 팀장이 출근하자마자 표한테 고래고래 소리를 질렀거든. 그래서 다들 계약 연장은 글렀네 했지. 근데 나중에 그 팀장이 무마해줬다대? 게다가 정규직 전환까지 됐으니 소문으로는 둘이 그렇고 그런 관계 아니냐, 뭐 몸 로비라도 한 거냐 막 그랬어.'

'헐, 그 팀장이 누군데요?'

'그분 퇴사했어. 알기론 애가 아프댔나. 육아한다고 그만두셨어. 딸 바보로 끔찍했던 분이었거든. 사람들은 그건 뻥이고 와이프한테 바람난 거 들켜서 그만둔 거라고 막 수군댔

지. 사실은 아무도 모르고.'

'흐음… 사람이 다시 보이네요.'

'근데 왜? 표 사고 쳤어?'

'아뇨.'

회사의 소문이란 무서운 것이었다. 예전에는 나에 대한 이상한 소문도 있었다. 좋아하는 여배우가 커트머리한 것이 예뻐 보여 나도 커트머리를 한 적이 있다. 그랬더니 내가 남자친구도 없고 서 팀장 등 여직원들과만 어울리는 것이 이상하다며 레즈비언이라는 소문이 돌았다. 그 소리를 듣고 아니란 걸 증명해 보이겠다며 소개팅 어플을 깔고 일부러 모니터 옆에 다니엘 헤니 사진을 붙여놨다. 그러자 서 팀장이 배꼽을 잡고 웃으며 그랬다.

"그거 알아? 회사에 떠도는 소문은 사실이 확인됐다고 지워지는 법이 없어. 그냥 당사자가 잊는 수밖에. 잊게 해줄까? 오늘부터 우리 새 프로젝트 해야 하거든."

그녀의 말대로 우리는 야근에, 주말 근무에 매우 바빠졌다. 한순간도 소문을 신경 쓸 수 없을 정도로 보고서를 썼고, 전화를 돌렸고, 회의를 했다. 그러다 보니 정말 소문은 머릿속에서 거짓말처럼 사라졌다. 그리고 신기하게도 회사 그 누구도 나에게 소문의 진위를 확인하는 사람은 없었다.

그런 경험을 겪은 나였으니 표 사원에 대한 소문을 그대로 믿지는 않았다. 하지만 서 팀장의 말은 계속해서 머릿속에 남았다. 그렇고 그런 사이였다고? 설마. 정말?

2

'나 이따 최 실장 보러 올라갈 건데 오랜만에 커피나 한 잔?'

'실장님은 왜요?'

'결재 올린 게 자꾸 딜레이가 돼서 대면보고 드리려고.'

서 팀장의 말에 그때서야 이번 주까지 처리해야 할 결재 건이 생각났다. 담당 업체에서 부장이 직접 전화까지 걸어온 책자 제작 건이었다. 다음 주 초까지는 계약금을 입금해줘야 발주를 넣을 수 있다며 부탁을 했다. 수첩을 뒤졌다. 그래, 그 때 내가 표 사원에게 지시했었다! 나는 파티션 너머로 고개를 숙이고 있는 표 사원을 급하게 불렀다.

"표 사원, 혹시 전에 얘기했던 기안. 그거 올렸어요?"

"아, 맞다. 지금 하겠습니다."

지금? 지금?

"그거 김 부장이 다음 주에는 입금돼야 한다고 신신당부한 건데. 내가 그거 바로 처리해야 한다고 하지 않았어요? 윗선까지 결재 올라가고 하면 시간이 걸리니까."

"…"

나는 바로 김 부장에게 전화를 걸었다.

"부장님, 어쩌죠. 저희 지금 내부 사정이 좀 생겨서 다음 주까지 못 맞출 거 같은데…."

"하아… 안 됩니다. 팀장님, 제가 그때 말씀드렸지만 이번에 기한 안 맞춰주시면 발주 자체가 안 돼요."

"그럼…."

"그럼 기한 내 인쇄를 못하는 거죠."

며칠 동안 끙끙대며 만든 '소비자 Q&A'였다. 그 노력이 모두 물거품이 된다고?

"무슨 방법이 없을까요?"

"없어요. 그래서 여러 번 말씀드렸잖습니까. 기한 맞춰달라고요."

"알겠습니다. 제가 한 번 더 알아보고 다시 연락드릴게요."

하아, 한숨이 나왔다. 근데 문제를 발생시킨 표 사원은 고요하기만 하다. 지금 나 혼자만 발을 동동 구르는 거야? "들었어? 지금 네가 까마귀 고기를 먹는 바람에 책자가 못 나올 수도 있다잖아. 네가 책임질래? 책임질 거야?"라고 하고 싶다.

하지만 못했다. 나는 알고 있었다. 내가 한 번 더 진행상황을 챙겼다면 여기까지 오지 않았을 것이다. 다 내 잘못이었다. 책임자는 나다. 나는 팀장이다. 재정팀장에게 전화를 걸었다. 그래도 다행히 안면은 있는 팀장이다. 나는 읍소부터 했다.

"팀장님, 저 진짜 죄송한데요. 저 진짜 몰라서 그러는데요, 정말 급한데요. 저희가 빨리 처리해야 할 기안이 있거든요. 이거 저희가 올리고 대표님 결재까지 받으려면 시간이 걸리잖아요. 무슨 좋은 방법 없을까요?"

팀장이 되면 다중인격자가 되는 것일까 싶을 정도로 나는 내 평생 해보지 않은 온갖 애교와 엄살을 떨었다. 팀장에게 무릎이 발이 되도록 허리가 꺾이게 굽실댔다.

"그거? 기안 올릴 때 긴급으로 표시하세요. 그럼 실장님만 사인하시면 바로 전결돼요. 실장님께는 보고드리시고요. 나중에 실장님이 대표님께 구두로 사후보고 하셔야 하거든요."

"악, 그런 좋은 제도가!! 감사합니다!! 감사합니다!!!"

나는 마치 내 앞에 재정팀장이 있기라도 한 것처럼 허리를 90도로 굽히며 인사했다. 다행이야, 천만다행이야. 이 기쁜 소식을 표 사원에게 알려야지.

"표 사원! 재정팀에서 긴급으로 처리하면 된다니까 기안 올려요, 빨리."

"네."

시큰둥하군. 기대했던 반응은 아니었지만 어쨌든 일이 처리됐으니 괜찮았다.

띠링.

몇 분 만에 그녀의 기안이 올라왔다. 나는 재빨리 클릭해 기안을 살폈다. 그런데 갑자기 뒷골이 확 당기는 듯한 느낌을 받았다. 뒷목을 잡았다는 게 이런 거구나 싶은 통증이었다. 비용은 1,200만 원이었다. 하지만 표 사원의 기안에는 120만 원이 적혀 있었다. 숫자 0을 누락한 것이다.

하아, 나는 한숨을 쉬었다. 만약 내가 못 보고 넘어갔다면 잘못된 기안이 올라갔을 것이고, 그 기안을 실장님이 사인한 후에야 발견하면 1,200만 원이 아닌 120만 원을 받은 업체는 난리가 날 것이고, 이를 수습한다고 실장님께 오타가 났다는 변명을 해야 하는 것이다. 악몽이 따로 없었다.

"표 사원."

"네?"

"기안 다시 써요."

"네?"

"숫자 하나 빠졌어."

"아…."

아? 나는 거칠어지는 숨을 고르며 눈을 질끈 감았다. 잘못한 일은 따끔하게 혼을 내야 했다. 지금 바로 혼을 낼까. 아냐, 신 사원도 있고 다른 팀 사람도 다 듣는데 내가 목소리를 높이는 것은 표 사원의 자존심을 다치게 하는 일일 수 있어. 회의실로 조용히 불러 지적하자. 실수 없이 꼼꼼히 일처리하라고.

자리에서 일어나 표 사원을 봤다. 무엇을 하는지 그녀는 고개를 숙인 채 미동이 없었다. 아까 보던 책 보는 거 아냐? 근무시간에? 자꾸 저렇게 다른 데 신경이 팔려 있으니 실수나 하지. 화가 났다.

"표 사…"

그녀를 부르려는 그때였다.

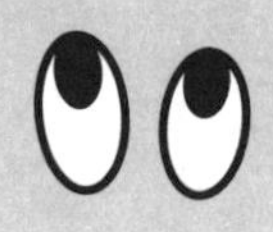

미안하다는 말

1

"아, 진 팀장! 오늘 소비자리포트 나오는 날이죠?"

최 실장이었다. 그는 막 출근하는 길이었다.

"작성하는 대로 전략팀에 보내주세요. 전략팀 보고서에 첨부 자료로 넣어서 내일 임원회의 때 보고할 거니까."

"네, 알겠습니다."

최 실장의 말에 대답하는데 그 뒤에 서 있는 효자손과 눈이 마주쳤다. 어쩐지 그의 표정이 어두웠다.

상사의 표정은 회사생활 전반을 좌지우지한다. 상사의 표정이 어두우면 나의 하루가 조마조마했고, 상사의 표정이 밝으면 나의 하루는 활력이 돌았다.

효자손의 표정으로 인해 나의 표정도 그의 얼굴처럼 딱딱하게 굳었다. 괜히 긴장이 됐다.

"표 사원, 아까 들었죠? 실장님 말씀대로 우리 리포트 효자손, 아, 아니 전략팀장님께 보내드리세요. 혹시 모르니까 전략팀 팀원한테도 보내고."

"어떻게 보내드리면 될까요?"

무슨 이런 기본적인 것을 묻지 싶어 미간이 확 구겨졌다. 그러자 표 사원의 눈동자가 흔들렸다.

"메일로 보내야겠죠? 인트라넷 접속하는 건 알죠?"

"…네."

그녀의 눈동자가 마음 깊은 곳에서 수면 위로 자꾸 떠올랐다. 그래, 실수한 본인이 제일 괴롭겠지. 괜히 힘든 사람 더 코너로 몰지 말자.

퇴근해서도 당황하던 그녀의 표정이 머릿속을 맴돌았다. 잘못된 것은 즉시 지적해서 고치도록 하는 게 낫지 않았을까. 그러지도 못할 거면서 애 마음만 상하게 했네 하고 후회했다.

두통이 왔다. 타이레놀 두 개를 삼키고서는 일찍 잠자리에 들었다.

2

다음 날 아침 7시.

평소처럼 머리를 감고 방에 들어와 머리를 말리려는데 문자가 한 통 와 있었다.

'팀장님! 메일 확인 바랍니다.'

전략팀원의 문자였다. 이게 끝이 아니었다.

부재중 통화 12

무언가 단단히 잘못되고 있다는 뜻이었다. 불안했다. 누가 열두 통이나 전화를 했단 말인가. 떨리는 손가락으로 부재중 통화 목록을 살폈다.

'나선중(12)'에서 나는 말문이 막혔다.

그래, 바로 나 팀장. 효자손이었다.

지금 나는 그에게 전화를 걸어야 했다. 그의 부재중 통화 숫자만 봐도 단단히 화가 나 있음이 분명했다. 열두 번이나 전화를 걸면서 얼마나 심한 육두문자를 퍼부었을까. 얼마나 성질이 고약하면 한 사람한테 전화를 열두 번이나 해. 더러운 성격의 인간이 화가 많이 났을 때를 떠올려봤다. 인간이

낼 수 있는 분노의 데시벨은 어느 정도일까. 오만 가지 생각이 다 들었다.

무슨 일일까. 그와 관계된 일이란… 그래, 메일이다! 메일에 실수가 있다는 뜻이다. 메일 세팅은 표 사원이 했다. 표 사원이 이번에도 또 실수를 한 것일까. 아니 도대체 왜 자꾸 실수를 하는 거야. 분노가 끓어올랐다. 팀 내에서 벌어지는 자잘한 실수는 가르쳐서 바로잡으면 된다. 하지만 대외적으로 나가는 문서나 업무에 오류가 생기면 팀 전체에 대한 신뢰가 흔들린다.

표 사원에게 먼저 전화를 걸었다. 사태 파악을 위해서였다. 하지만 받지 않았다. 이제 올 것이 왔다. 나 팀장에게 전화를 걸어야 했다. 속으로 되뇌었다.

'그래, 회사는 하기 싫은 일도, 마주하기 싫은 사람도 만나야 하는 곳이야. 그러라고 월급을 받는 거지.'

통화음이 길게 울렸다. 그 소리에 맞춰 심장이 두근거리기 시작했다. 딸각. 나는 눈을 질끈 감고 준비한 멘트를 속사포처럼 내뱉었다.

"네, 팀장님. 안녕하십니까. 소분팀 진서연입니다. 부재중 전화가 와 있어서…."

말이 끝나기도 전에 시작된 효자손의 욕설.

"야!! 정신을 어디 두고 사는 거야? @###$%$%%$^#$#@#!"

나는 슬쩍 핸드폰에서 귀를 뗐다. 그날의 악몽이 되살아났다. 점심시간을 5분 지나 들어왔다고 사무실 입구에서 소리지르던 사람. 출력물에 클립을 안 쓰고 스테이플러를 찍었다며 종이값이랑 잉크값을 월급에서 빼겠다고 협박하던 사람. 그 사람이 또 나에게 돌을 던지고 있다.

"어제 실장님 얘기 못 들었어? 임원보고 가야 하잖아?! 근데 파일을 잘못 보내?! 그러고 지금껏 전화를 안 받아?!! 너 지금 나 엿 먹이려고 그러는 거야?!! 너 나 무시해?!!!"

"죄송합니다…."

"네가 일을 이딴 식으로 하니까 내가 널 곱게 봐줄 수가 없는 거야."

그의 비꼬는 말투와 윽박지름에 나는 결국 하지 말아야 할 소리를 내뱉고 말았다.

"제가 한 게 아니라 밑에 애가 실수한 건데요…."

"어이구, 지금 팀장이 돼서 팀원 탓하는 거야?! 그딴 태도는 누구한테 배웠냐? 아주 대단한 인물 나셨네, 나셨어."

누구긴 누구야. 보고서 자료를 잘못 첨부한 것은 팀원이라며 상사 앞에서 나를 손가락질했던 사람이 누군데.

그때 그의 모습은 참으로 비겁해 보였다. 출력은 내가 했어도 최종 검토자는 효자손이었다. 팀원이 아무리 개떡같이 써 냈어도 상사라면 찰떡같이 고쳐서 보고했어야 한다고 생각했다. 잘못은 팀원이 했어도 책임은 팀장이 지는 것이라고, 그러라고 나의 두 배나 되는 월급을 받는 것이라며 그를 뒷담화했다.

그런데 막상 내가 팀장이 되고 보니 '책임'이란 단어가 싫었다. 그것도 내 잘못도 아닌 일에 변명도 못하고 그저 입을 꾹 다물고 죄송하다고 조아려야 하는 게 자존심 상하고 싫었다. 나는 완벽하고 싶었다. 하지만 팀장은, 내 실력과 일만으로 평가받을 수 있는 자리가 아니었다. 팀원의 실력이 팀원의 일이, 내 실력이고 내 일이었다.

다시 표 사원에게 전화를 걸었다.

"여보세요!"

그녀의 목소리에 놀람이 묻어나왔다. 이른 아침의 상사 전화는 강심장에게도 청천벽력 같은 일일 테니까. 그녀는 바짝 긴장해 있었다.

"무슨 일이세요?! 무슨 일 있나요?!"

"표 사원, 나 팀장님 보고서 잘못 받았다고 난리야. 다시 보내요. 지금 빨리."

"에?! 네, 알겠습니다."

표 사원이 당황하며 빠르게 대답했다. 뭘 잘못했는지, 왜 잘못했는지 궁금했지만 묻지 않았다. 당장 필요한 것은 그녀의 잘못에 대한 나의 납득이 아니라 문제 해결이었다. 하지만 표 사원 때문에 효자손에게 욕을 먹은 게 화가 나는 것도 사실이었다.

'신입이잖아. 실수할 수 있잖아. 감정을 드러내지 말자. 기분이 태도가 되게 하지 말래잖아. 효자손과 똑같은 인간은 되지 말아야지.'

3

출근길 내내 속상하고 억울했다.

바로잡고 싶었다. 더 이상 실수가 반복되면 화를 참지 못하고 이성의 끈을 놓아버릴 것 같았다. 그러기 전에 표 사원에게 주의를 주고 업무의 빈틈을 메워야 했다.

후배 혼내는 법

팀장의 역할

실수 많은 후배 가르치기

인터넷에 검색했다. 수많은 글들이 쏟아졌다. 다른 많은 팀장들도 비슷한 고민을 하는 것 같았다. 하지만 그 어떤 곳에서도 내가 원하는 답은 없었다.

무거운 마음으로 근처 사무용품점에 들렀다. 오늘 혹은 내일 필요할지도 모를 수첩을 미리 샀다.

"안녕하세요."

나는 평소와 똑같은 목소리로 사무실로 들어섰다. 하지만 사무실의 분위기는 썰렁했다. 잔뜩 겁먹은 듯한 표 사원이 부스스 일어났다. 아침에 무슨 일이 벌어졌는지 전해들은 듯 신 사원의 표정도 굳어 있었다. 그들은 내 표정을 살폈다. 나는 무심한 척 컴퓨터를 켜고 커피를 내렸다. 하지만 내 신경은 표 사원과 신 사원에게 온통 쏠려 있었다. 그들의 태도에 마음이 쓰였다. 어색한 분위기가 너무도 불편했다.

그렇다고 당장 분위기를 풀자고 아무렇지 않은 듯 하하호호 웃으며 "그럴 수 있죠, 잊어버려요!"라고 할 수는 없었다. 다시 반복되어서는 안 되는 실수였다.

나는 가만히 앉아 그녀가 오길 기다렸다. 와서 아침의 상황을 설명해주길 바랐다. 하지만 그녀는 오지 않았다. 그 난리가 났는데, 먼저 와서 죄송하다고 하는 게 순서 아닌가. 괘씸하다는 생각이 들었다. 나는 내가 하지도 않은 일로 욕을 먹었는데, 지금 넌 아무렇지 않다는 거지?

잠깐, 지금 자기가 어떻게 해야 하는 것인지 모를 수도 있어. 이미 메일은 다시 보냈으니 상황이 끝났다고 생각할 수도 있잖아. '어쩌면' 하는 마음이 또 나를 고민에 빠뜨렸다.

"표 사원, 잠깐 내 자리로 올래요?"

먼저 부르고 보자는 마음이 섰다. 나를 대면하면 무언가라도 말하겠지 싶었다. 최선을 다해 부드러운 톤으로 불렀다. 그녀는 부리나케 내 앞에 와서 섰다. 나는 입을 바라봤다. 죄송하다고 하겠지? 원하는 대답을 기다렸다.

하지만 표 사원은 입을 떼지 않았다. 나는 표 사원을 쳐다봤다. 표 사원도 나를 쳐다봤다. 표 사원이 눈을 동그랗게 떴다. 나도 동그랗게 떴다. 잠시 그렇게 침묵이 흘렀다.

뭐야 지금. 잘못한 게 없다는 거야? 결국 내가 먼저 입을 뗐다. 기대한 바를 듣지 못했으니 나오는 말이 조금 날카로웠다.

"보낸 메일함 보니까 엉뚱한 파일을 첨부했더라고요."

"네, 확인해보니 최종본이 아닌 파일을 첨부한 걸 발견했습니다. 수정해서 다시 보냈습니다."

"전략팀장 말고 팀원도 추가하라고 했는데, 추가했어요? 그쪽은 아예 못 받은 거 같던데."

"확인해보겠습니다."

표 사원은 빠르게 몸을 돌려 자기 자기로 돌아갔다.

클릭. 클릭. 클릭.

무거운 침묵이 흘렀다.

"추가하긴 했는데 이메일 주소가 잘못 들어가 있었네요."

"(있었네요? 요것 봐라) 스펠링을 일일이 쳐서 넣은 거예요? 원에 나와 있는 대로 긁어서 붙였으면 실수할 리가 없는데?

"…"

"아니, 그리고 표 사원하고 신 사원. 내가 둘이 일하면서 크로스 체크하라고 했죠. 안 했어요?"

"다음부터는 주의하겠습니다."

끝까지 죄송하다는 말은 없었다. 입을 꾹 다문 표 사원을 보고 있자니 머릿속이 복잡해졌다. 차분하게 문제의 원인을 다시 생각해보기로 했다. 지난번 실수도 그렇고 이번에도 그렇고 이직할 마음으로 일을 대충하는 게 분명했다.

표 사원은 엑셀을 만지거나 표를 만들거나 통계 프로그램을 다루는 일을 잘했다. 통계 처리가 중요한 부서에서 SPSS* 와 엑셀을 잘 다루는 후배가 있다는 것은 복이다.

* Statistical Package for the Social Sciences로 일종의 통계 프로그램

게다가 그녀는 이 회사에 오기 전 다른 회사에서 근무한 경험이 있어서인지 일의 기본은 되어 있다는 느낌을 줬다. 하지만 잔 실수가 많았다. 어느 날은 엑셀의 함수를 빼먹기도 했고, 또 어떤 날은 오타를 그대로 가져왔다. 한 번의 실수야 그렇다 치지만 자주 그랬다.

특히 내가 참을 수 없었던 것은 그녀의 태도였다. "어, 이거 잘못됐어요" 하면 "어, 그렇네요" 하는 식이었다. 아무렇지 않은 듯, 그럴 수 있다는 듯. 스스로에게는 너무도 관대한, 만년부장처럼 행동했다. 오탈자 하나와 실수 하나에 벌벌 떨던 나의 신입 시절과는 다른 모습이었다. 그러니 이해가 되지 않았다. 결재 문서도 그렇고 이번 메일도 그랬다. 실수를 해놓고 죄송하다고 말하지 않는 것도 이해가 되지 않았다.

'일 못하는 사람의 특징'이라는 글을 읽은 적이 있다. '자존심은 세지만 자신감은 없다.' 자신의 실수를 인정하지 않고 업무 지시를 한 사람이나 주변을 탓한다고 했다. 설마 표가 이런 사람인가.

혹시 싶은 마음에 검색창을 열었다. 물어볼 데가 없을 때는 커뮤니티에서 많은 것을 얻을 수 있으니까. 어차피 회사생활도 인간의 문제니까, 결국 인간에게서 답을 구할 수밖에. '죄송하다', '신입' 등의 검색어를 넣어 검색했다.

(…) 신입들 중에 간혹 회사 단톡방이나 현생에서 "죄송합니다"라는 말을 많이 하는 분들이 계십니다. 근데 저는 굳이 죄송하다는 표현을 사용해서 자신을 낮출 필요는 없다고 생각합니다. (…)

〈직장인의 슬기로운 생활〉이라는 커뮤니티에 한 신입이 쓴 글이었다. 역시 불안한 느낌은 틀리지 않았어. 진짜 이렇게 생각했던 거야. 실제로도 많은 신입들이 그 글에 공감 표시를 했다. 하지만 부장, 차장, 과장의 직급을 단 댓글들은 우려의 반응을 보였다.

'그래도 하긴 하십시오.'

'겸손해서 나쁠 거 없습니다. 너무 자주는 독이지만 필요할 땐 해야죠.'

'신입이 자신을 안 낮추면 누가 낮추나요.'

표 사원이 이 글을 봤을까. 봤을 것이다. 아는 것보다 모르는 것이 압도적으로 많은 신입 때는 무엇이든 인터넷에서 찾아 정답을 구하기 마련이니까. 일명 '커뮤니티에서 배웠어요.' 누가 신입 때 이렇게 해서 예쁨을 받았다느니, 문서 작성은 어떻게 해야 한다느니 하는 각종 경험담, 목격담은 망망대해에 던져진 것 같은 신입 시절에 위로도 되고 도움도

된다. 하지만 너무 빠져들면 문제가 시작된다.

내가 그랬다. 나는 커뮤니티에서 공감 수백 개를 받은 '무시당하지 않는 신입'의 캐릭터를 시연했다. 나 팀장 밑에서 천덕꾸러기로 있다가 탈출한 지 얼마 지나지 않아서였다. 무조건 잘할 수 있다고 했다. 말부터 뱉고 봤다. 그까짓 거 하면 되지라고 생각했다. 그러다 결국 가까스로 마감시간에 맞춰 보고서를 제출했다. 그것도 엉망인 채로.

다행히 그때 서 팀장은 여느 팀장들처럼 화를 내거나 욕을 하지 않았다. '잘릴 수도 있겠다' 싶은 상황에서 그녀는 조용히 나의 어깨를 토닥이며 말했다.

"오늘 같이 야근하자!"

그날부터 그녀는 나에게 회사생활과 관련된 모든 것을 가르쳐줬다. 파일 이름을 만드는 방법부터 자리 배치와 같은 소소한 의전까지 모든 것을 조곤조곤 코치해줬다. 어깨너머로 눈치껏 주워 담은 잔기술들이 서 팀장을 거쳐 업무의 기초가 되고 성장의 발판이 됐다. 커뮤니티발 '카더라' 상식을 바로잡아주었던 것도 그녀였다.

지금의 표 사원에게는 그때의 그녀가 필요했다. 혹시나 이직의 꿈을 꾸느라 현재의 일을 소홀히 하는 것이라면 그러지 말라고 일러줘야 했다. 표 사원에게 카톡을 보냈다.

'잠깐, 나 좀 봐요.'

4

몰랐다.

팀장이 되어 팀원을 신경 쓰는 것이 이토록 피곤하고 많은 에너지를 요하는 일인 줄은. 특히 이렇게 회의실로 따로 불러 상담을 하는 것 자체가 심신을 지치게 했다. 하지만 해야 했다. 표 사원은 '일 못하는 사람'이 아닌 성장 과정에 있는 사람이니까. 내가 돌보고, 방향을 확인하고, 안내해줘야 했다. 타이레놀을 입에 넣었다. 꿀꺽 넘어간 알약과 함께 복잡했던 감정이 조금씩 사그라드는 것 같았다.

똑똑, 노크 소리와 함께 표 사원이 들어왔다. 잔뜩 얼어붙은 표정이다.

"긴장 풀어요. 아침 일 관련해서 물어볼 것도 있고 줄 것도 있고."

"죄송합니다."

"드디어 말했네요."

"네?"

"꼰대같이 들릴지 모르겠지만 나 사실 그 말을 기다렸어요. 표 사원이 책임지고 한 일이었고, 문제가 생겼으면 본인이 잘못을 인정해야 된다고 생각했거든요. 그런 게 없는 거 같아서 걱정스럽기도 했고."

솔직히 말했다. '너에 대해 신경 쓰인다'라고 말했다. 대신 '내 감정'을 이야기하지는 않았다. 위계상 상관인 내가 감정을 드러내는 것은 아랫사람에 대한 명령과도 같다.

내가 화가 난다(그러니 너는 이렇게 해)

내가 짜증이 난다(그러니 너는 이렇게 해)

이런 방식은 솔직한 게 아니라 일종의 폭력이 될 수 있다. 그러자 표 사원이 이야기를 시작했다.

"연구팀에 있을 때 사수가 그러더라고요. 넌 매사에 죄송하다 죄송하다 하는 게 문제다. 그럼 듣는 사람이 더 짜증 난다. 차라리 말을 바꿔라. '잘하겠습니다', '수정하겠습니다' 이런 식으로. 그때부터 죄송하다는 말을 할 상황이 와도 안 하게 되더라고요. 죄송합니다. 정말 죄송해요. 제가 너무 서툴러서."

역시 그녀는 이상한 사람이 아니었다. 하마터면 나는 그녀를 '되바라진 신입'쯤으로 판단하고 미운 감정을 쌓아둘 뻔했다.

"나는 죄송하다고 자주 하는 사람이 아예 안 하는 사람보다 낫다고 보는데. 신입이잖아요. 당연히 실수도, 죄송할 일도 많거든요. 잘 모르니까, 서투르니까. 난 표 사원을 신뢰하고 있어요. 뭐든 배우려고 하고 열심히 하려고 하잖아요. 가끔 보면 겸손하고 예의 바른 사람을 만만하게 보고 함부로 대하는 사람들이 있어요. 그 사람들의 기준에 맞출 필요는 없어요. 잘하고 있으니까. 지금 하는 게 맞는 거야."

나는 출근길에 산 수첩을 그녀에게 건넸다. 당시 서 팀장이 나에게 사줬던 수첩과 같은 것이다.

"받아요. 보니까 표 사원이 데이터 처리나 보고서같이 굵직굵직한 일처리는 손도 빠르고 잘하는데, 아주 자잘한 실수들이 좀 많은 거 같아요. 나도 예전엔 그랬는데, 잘 안 고쳐지더라고. 그게 성격이라서 그런 거거든요. 덤벙대는 성격. 일하는 우리는 부족한 걸 보완하는 수밖에 없어요. 여기 이 수첩에 날짜를 적고, 그 밑으로 업무의 디테일을 몽땅 적어나가는 거예요. 내가 지시하면 바로 키보드부터 두드리지 말고 손으로 쓰면서 시뮬레이션을 해보는 거지. 가령 메일을 보낸다 치면 제목과 본문 작성하기, 첨부파일 확인하기, 수

신자 확인하기, 첨부파일 넣기, 보내기, 보낸 메일함 열어서 첨부 파일, 수신자, 내용 확인하기까지 적어봐요. 그리고 이대로 실행이 됐나 지워가며 체크. 만약에 계속 반복되는 일이라면 책상 앞에 붙여 놔요. 이 수첩은 위에 종이를 뜯을 수 있게 돼 있잖아요. 이제 없어도 괜찮겠다 싶을 때, 그때 떼는 거지. 당분간은 붙이기 전에 나한테 보여주세요. 혹시 빠진 게 없나 체크해줄게요."

그리고 말미에 덧붙였다.

"간단하고 별거 아닌 업무 같지만, 우리가 만든 보고서로 회사의 전략이 바뀌고 프로세스가 조정돼요. 우리 소비자리포트, 표 사원이 시각화한 워드 크라우드 있잖아요. 임원 회의에서 깔끔하고 보기 좋다고 했대요. 왜 진작 안 했냐고. 그거 내가 지시한 것도 아닌데 표 사원이 아이디어 내서 그려 넣은 거잖아요. 그런데 그렇게 잘해 놓고 메일을 잘못 보낸다? 억울하잖아요. 조금만 더 노력해봐요, 우리. 잘해왔으니까. 나는 표 사원이 잘할 거라 믿어요."

"아, 네. 감사합니다."

그녀의 대답은 매우 짧았다. 아니 팀장이 이 정도로 칭찬하고 잘하라고 격려하면 눈물이라도 조금 보여줘야 하는 것 아닌가. 서운했다. 하긴 그녀는 평소에도 표정 변화가 없었고, 그 흔한 쿠션어도 사용할 줄 모르는 무뚝뚝한 사람이었다. 그 딱딱한 벽을 깨고 싶은 오기가 생겼던 것일까. 나는 또 한 번 두드렸다.

"혹시 오늘 점심 때 뭐 해요? 같이 먹을래요?"

"아… 제가 요즘 따로 하는 게 있어서요."

그렇다고 포기할 내가 아니지.

"…표 사원은 맨날 바쁘네. 하하. 뭔지 물어봐도 돼요?"

"아… 그냥 개인적인…."

이렇게까지 하는데 나가떨어지지 않을 상사가 어디 있는가. 포기다 포기.

거리를 두는 팀원에게 다가가고 싶어 애를 쓰다가 정작 자기를 따르는 팀원을 놓쳤다는 이야기를 들은 적이 있다. 표 사원은 어쩌면 나를 그저 '회사 상사'로 생각하는데 나 혼자 '친한 선배'가 되고 싶어 하는 것은 아닐까. 그래, 그만 욕심 부리자. 모든 사람은 타인과 저마다의 심리적 거리가 있다고 하잖아. 그녀의 심리적 거리는 나보다 훨씬 더 긴가 보지 뭐.

상사의 MBTI는

1

점심을 먹고 양치질을 하려는데 실장에게 전화가 왔다.

"잠깐 내 방으로 좀 올래요?"

나는 부리나케 수첩과 펜을 들고 그를 찾았다. 이제는 긴장감이 절반 정도 줄어든 것 같았다. 상사의 얼굴도 자주 볼수록 편해진다더니 서 팀장의 말대로였다. 그는 자신의 방으로 들어오는 나를 보자마자 사람 좋은 미소를 띄었다.

"여기 앉아봐요."

그에게 첫 대면보고를 했던 때가 생각났다. 그때는 그의 주변을 살필 여유가 없었다. 하지만 이번에는 달랐다. 이제야 그의 책장에 꽂혀 있는 책들이 눈에 들어왔다.

트렌드 코리아 2023

90년생이 온다

데일 카네기 인간관계론

그답게 최신 이야기들에 레이더를 켜놓고 살핀다는 생각이 들었다.

그의 외모도 눈동자에 박혔다. 굳게 닫힌 얇은 입술, 작지만 매서운 눈, 두껍고 각질이 많은 손가락, 작지만 다부진 체격, 나이에 비해 많지 않은 머리숱 그리고 한 치의 오차도 허락하지 않겠다는 듯한 셔츠의 깃과 번들거리는 구두. 구두는 몇 번이고 밑창을 덧댄 오래된 것처럼 보였다.

그중에서도 그의 눈빛은 늘 허리를 곧추세우게 만들었다. 상대의 마음을 읽으려는 듯 뚫어지게 바라보는데 마주치면 나의 눈에도 힘이 들어갔다.

가까이 다가가자 그에게서 익숙한 비누 냄새가 났다. 사무실 전체에 퍼져 있는 디퓨저 향과 비교했을 때 그 누구에게도 호불호가 없을 듯한 향이었다.

"진 팀장이 그날 보여줬던 자료 있잖아요. 그거 일목요연하게 정리 좀 해봐요. 나야 대충은 이해했지만 상무님께 보고하려면 필요하거든."

"네, 알겠습니다."

"기한은 내일 오전까지. 보고시간은 오후 2시에 잡아놨어요."

"넵, 기한에 맞춰 보고하겠습니다."

대답은 씩씩하게 했지만 걱정됐다. 어떤 스타일의 보고서를 원하시는 걸까.

제목 댓글 조작 사건 현황 보고

제목을 쓰고 개요, 현황, 추후 방향 등 소제목을 주르륵 썼다. 보고서를 쓰기 전에 이리저리 설계도를 그리고 구상하는 사람도 있지만 내 스타일은 무작정 나열하고 보는 쪽이었다. 성격 급하고 머릿속이 복잡한 나의 업무 방식이었다.

특정 아이디가 지속적으로 음해성 리뷰를 작성하여…

글 쓰는 것이라면 자신 있었다. 하지만 순간 내가 더 이상 차장이 아닌 팀장이라는 생각이 들었다. 직책이 바뀌었는데 일하는 방식을 바꾸지 않는다면, 그건 문제가 있는 것이다. 나에겐 팀원이 있다. 팀원들을 활용할 방법을 찾아보자. 단톡방에 메시지를 남겼다.

'회의실에서 잠깐 회의합시다. 어때요?'

바로 '넵', '네' 하는 대답들이 올라왔다.

회의실에 마주앉았다. 이들에게 무엇을 물어볼 것인가. 그리고 무엇을 얻어낼 것인가. 처음에는 출력한 내 보고서 초안을 토대로 토론할 생각이었다. 하지만 이내 생각을 바꿨다. 내 보고서가 그들의 아이디어를 제한할 수도 있다. 그들의 정제되지 않은 아이디어를 듣고 싶었다.

"그러니까 그때 저희가 찾아낸 그 내용을 전부 정리해달란 말씀인가요."

"맞아요. 너무 길 필요는 없고 간략하게 정리할 건데… 아이디어 있나요?"

"형식은요?"

"형식? 그냥 한글 파일에 정리하면 되지 않을까요?"

"저는 이번 이슈가 사진, 그림이 많아서 PPT가 좋지 않을까라는 생각을 했습니다."

"오… 그것도 좋겠네요. 근데 PPT 만들려면 시간이 좀 많이 걸릴 거 같은데. 제가 한글 문서 작업에는 익숙한데 PPT

는….”

“제가 해보겠습니다. 간략하게 손으로 그려주시면 만드는 건 제가 해볼게요.”

신 사원이 말했다. 역시나 팀원들과 얘기해보길 잘했어.

“내용에 대해서는 일목요연하게 정리해달라고 하셨거든요. 그래서 순서대로 개요, 현황 그리고 마지막에 법률적 검토 및 방향 순이 어떨까 싶은데요.”

“전 가장 맨 앞에 딱! 리뷰의 작성자가 경쟁회사인 증거를 먼저 보여주는 게 어떨까 싶어요. 제가 알기론 실장님이 ST형이시거든요. 성격 급한 감각형이자 사고형이요. 그런 분들한테는 개요고 목적이고 그런 논리적 구성은 지루할 거예요. 모호하고 구구절절한 문장 다 자르고 원인 딱! 결과 딱! 명확한 인과관계와 구체적인 현실을 바로 보여줘야 할 것 같습니다.”

“으응? 에스…티?”

“아, 실장님 MBTI요. 상사 MBTI 스타일에 맞는 보고법. 그거 상식인데.”

“최 실장님이 ST인 건 어찌 알아요?”

“저희 신입들 단톡방에 도는 자료가 있어요. 팀별 보고서 양식, 추천하는 식당, 기본 의전 상식, 상사 MBTI가 족보처럼 공유되거든요. 특히 MBTI는 정말 유용해요. 전략팀장님이 실장님 보고 갈 때 동기가 매번 동석하는데 실장님이 자주 하시는 말이 있대요. 그러니까 결론이 뭡니까?"

"푸하하하. 완전 음성 지원된다. 맞아, 실장님 성격 좀 급하시죠."

"그 반응이 딱 ST거든요. 맞을 거예요. 실장님 MBTI."

신 사원의 말을 믿기로 했다. 나는 연필로 보고서의 밑 작업을 시작했다. 설명을 위한 보고서라면 한글 문서보다는 PPT를 한 페이지씩 출력해 넘겨가며 설명하는 게 더 나아 보였다. 대학생 시절 팀플하던 때가 생각났다. 재미있는 작업이 되어가고 있었다. 누군가가 서포트해준다는 생각에 더 신이 났다.

요즘 것들이라 불리는 팀원들의 방식이 이런 것이라면 나는 100퍼센트 받아들이고 활용할 생각이다. 상사의 MBTI별 맞춤 보고서라니. 참으로 그들다운 방식이라 생각했다.

신 사원이 만들어낸 결과물은 기대 이상이었다. 대충 발로 그린 그림이 멋진 그래픽으로 변모했다.

이제는 내 차례였다. 나는 퇴근해 밤 늦게까지 소리 내 연습했다. 거울을 보면서 표정, 제스처까지 완벽해 보이도록. 지난번처럼 실장 앞에서 버벅대고 싶지 않았다.

2

"안녕하십니까, 소분팀 진서연 팀장입니다."

아무리 연습해도 상사 앞에 서는 것은 떨리는 일이었다. 나는 대본을 외운 것처럼 그의 앞에서 브리핑하기 시작했다. 중간중간 말을 더듬긴 했지만 나름 선방했다고 생각했다. 하지만 실장의 표정은 내가 기대했던 게 아니었다. 그의 눈빛에는 단 하나의 감정이 읽혔다. '못마땅.'

"음… 고생했고… 중간에 끊으려고 했는데 너무 열심히 설명해서 못했어요. 근데 이렇게 해오면 안 돼요. 진 팀장."

"네?"

"진 팀장, 내가 한 말 기억해요? 뭘 해오라고 했는지?"

"일목요연하게… 정리…."

"아니, 그거 말고 이거 목적이 뭐예요?"

"…보고…아?"

그랬다. 그제야 생각났다. 실장은 상무에게 보고하겠다고 했다. 그렇다면 나는 '실장을 위한 보고서'가 아닌 실장이 보고하는 '상무를 위한 보고서'를 만들어야 했다. 실장에게 잘 보여야 한다는 생각에 매몰되어 중요한 것을 놓치고 만 것이다. 그럼 이번에는 상무의 MBTI를 알아야 한단 말인가?!

"다시… 하겠습니다."

"파워포인트로 이미지 작업하는 거 좋아요. 상무님께도 내가 가져가 설명하기 좋을 거야. 근데요, 형식보다는 내가 상무님께 어떤 걸 보고해야 할지 생각해봤으면 해요. 상무님이 아이디 주인 얼굴이나 맘카페 주소를 궁금해할 것 같아요? 아니에요. 이건 내가 설명하면서 적절히 써먹을 테니까 놔두고, 한글 보고서 한 장짜리. 그거면 돼요. 들어가야 할 것은 개요, 현황, 추후 대응 방안 정도. 이해했죠?"

민망하고 창피한 얼굴로 실장 방을 나왔다. 나는 가장 처음 쓰다 만 한글 파일을 열어 다시 쓰기 시작했다. 신 사원과 표 사원이 고개를 빼고 눈치를 살핀다. 나는 그들에게 카톡을 하나 남겼다.

'보고 잘 끝났고, 조금만 다듬어서 재보고드릴 예정. 고생했어요, 다들.'

이렇게 또 하나 배운다. 지시하는 상사의 의도를 파악하고, 확인하라. 그것이 상사의 MBTI보다 먼저다.

대표와의 대화

1

회사는 결국 경쟁사 직원과 대표 등을 명예훼손과 업무방해 혐의로 고소했다.

경찰이 우리 소분팀의 작업물을 토대로 비방글 IP를 추적해 경쟁사의 홍보 업무를 대행한 홍보대행사를 특정하고, 압수수색을 진행한다는 내용의 기사가 대서특필됐다. 하지만 경쟁사는 회사 소속 직원들에게 비방 게시물 작업을 지시한 적이 없고, 홍보대행사의 업무도 홍보팀장의 '지나친 충성' 때문이었다며 발뺌했다.

최 실장은 이 건으로 대표에게 큰 신임을 받은 것으로 알려졌다. 경쟁사의 댓글 조작 사건이 밝혀지면서 잃어버렸던 고객층이 돌아왔고, 경쟁사 고객들마저 선의의 피해자인 우리 DM제품을 사주면서 매출이 급증했기 때문이다. 사내에는 최 실장이 전무로 승진할 것이라는 이야기까지 돌았다.

"경쟁사도 열심히 일한 직원들만 경찰서에 불려가 조사받았다더니, 일은 우리 소분팀이 다 했는데 공은 실장님이 다 가져가셨네요."

신 사원이 뾰로통한 얼굴을 하고 커피를 마셨다.

"회사생활이 다 그렇지 뭐. 근데 위가 승진해야 우리도 위로 올라갈 수 있긴 하잖아. 길게 보면 우리한테도 잘된 거야."

"그래도 우리 팀에 보너스라도 주셔야 하는 거 아닙니까. 그거 한다고 제가 얼마나 고생했는데요. 인스타 파고, 카페 아이디 만들어서 댓글 달아 등업하고, 그 사람이 경쟁사에 다니는지 확인하려고 생전 연락 한 번 한 적 없던 동창한테 전화하고… 진짜 얼마나 민망하던지."

"알지, 알지. 우리 신 사원 고생한 거. 나도 좀 서운하긴 하네. 아무리 요즘 회사 사정이 안 좋다지만 작은 포상이라도 있을 줄 알았는데."

"그냥 한 번 실장님 찾아가 말씀드려볼까요. 저희 회식비로 쓰게 법카라도 한 번 주시라고? 아니면 대표님께 가서 포상 휴가라도 달라고?"

"오, 할 수 있겠어?"

"하라면 하죠, 뭐. 제가 권리는 당당히 요구하는 MZ세대 아닙니까!"

"말씀하시면 되겠네요."

가만히 듣고 있던 표 사원이 말하면서 단톡방에 링크를 하나 공유했다.

대표님과 MZ직원의 찐솔 대화

사내통신에 뜬 공고문이었다.

"헐, 대표님이랑 대화?"

대표는 입사 초기, 단체로 티타임을 한 것 외에는 본 적도 없는 인물이다. 선대 때부터 화장품 회사를 이끌어온 재벌집 회장님. TV에서만 보던 대표를 보다니. 직원들은 짬만 나면 신이 나 수군거렸다. 하지만 팀장들은 예외였다.

"가만히 있으면 안 되니까, 니들 다 질문 한 가지씩은 준비해 와."

팀장들은 팀 내 막내들에게 숙제를 던졌다. 숙제라기보다는 입단속에 가까운 말이었다.

"아무리 니들이 MZ세대라지만 모든 게 용인될 거라는 기대는 말아. 해도 되는 말이 있고 안 되는 말이 있어."

팀장들은 이리 튀고 저리 튀는 젊은 팀원들이 괜한 말로 대표한테 찍히기라도 할까 봐 두려워했다. 하지만 또 어떤 팀장은 그들의 입에서 워라밸이라든지 연봉 인상이라든지 하는 자기가 하지 못한 말이 나오길 은근히 바랐다. 나도 그랬다.

"이참에 신 사원, 저녁이 있는 삶은 어찌 된 거냐고 대표님께 좀 따져."

회사는 몇 년 전부터 시대적 흐름에 같이 한다며 강제 소등제를 실시했다. 저녁 6시가 되면 퇴근을 알리는 음악이 흘렀다. 그리고 30분이 지나면 1층부터 10층까지 전 사무실의 불이 한꺼번에 꺼졌다. 언론에서는 난리가 났다. 드디어 대한민국 직장인들에게 야근이 없어졌다고. 하지만 그것도 잠깐, 소등제가 시작되자 괴로운 것은 팀장들이었다. 불은 꺼졌지만 일은 해야 하는 팀장들은 노트북을 챙겨 들고 근처 카페로 갔다. 코로나 바이러스로 이도 여의치 않자 팀장들은 책상에 물품 하나를 구비해놓기 시작했다. 바로 스탠드 조명. 불이 꺼지면 팀장들은 자연스럽게 책상 위 스탠드 버튼을 눌렀다. 그렇게 강제 소등제는 강제 점등제로 바뀌었다.

나는 그게 불만스러웠다.

나도 팀장이 되면서 스탠드를 하나 마련했다. 안 할 수가 없었다. 점심시간을 쪼개 써도 해결해야 할 업무는 줄지 않았다.

2

평소 캐주얼하게 입던 사원들이 약속이나 한 듯 모두 정장으로 차려입었다.

나도 왠지 모를 중압감에 몇 년 동안 옷장에서 먼지 쌓인 정장 바지를 꺼내 입었다.

건물 전체에 긴장감이 돌았다. 이제 몇몇은 일렬종대로 서서 무전기에 나오는 소리에 맞춰 움직일 것이다. 임원용 엘리베이터 앞에 경비원들이 대기할 것이고, 각 실장들은 눈도장을 찍을 만한 자리에서 옷매무새를 다듬을 것이다.

"대표님 오셨습니다!!"

총무실장의 우렁찬 목소리와 함께 팡파르가 터졌다. 모두들 힘을 모아 박수를 치며 외쳤다. 와와와. 곳곳에서 카메라 셔터가 울렸다. 머리에 포마드를 바른 듯한 대표가 손을 흔들며 무대 위에 섰다.

"안녕하세요. 저를 처음 뵙는 분들도 계시겠는데요, 어쨌든 반갑습니다. 제가 65년생이거든요. 이 자리를 만든 건 아무래도 제가 맨날 비슷한 연배들한테만 얘기를 들으니 놓치는 부분이 있다는 생각이 들어서예요. 어려워 말고 편하게 얘기해줬으면 좋겠어요. MZ세대가 80년대, 90년대 생인 거죠? 70년대 생 분들도 하실 말씀 있으면 해도 좋아요. 하하하."

대표의 훈화 말씀은 장장 30분을 넘어섰다. 사람들은 몸을 배배 꼬았고, 상당수는 핸드폰을 들어 카톡을 확인하거나 딴짓을 했다.

"그럼 어디 우리 MZ세대 목소리 좀 들어볼까요? 아무 말이나 다 좋습니다. 하하하."

그의 마무리 웃음소리가 강당에 울렸다. 소리가 잦아들자 서늘한 침묵이 흘렀다. 아무 움직임이 없었다. 다들 서로의 눈치를 보고 있었다. 그때 누군가 손을 들었다. 전략팀의 김사원, 효자손에 맞서던 신입이었다. 나는 손을 든 그보다 효자손의 표정을 먼저 살폈다. 다른 사람들의 마음도 비슷했는지 수많은 눈빛이 마주쳤다. 모두가 같은 생각을 했을 것이다. 그리고 속으로 두 음절을 떠올렸겠지. 설마.

"대표님, 최근 한 회사의 직원이 쇼핑몰에서 투신자살한 사건, 알고 계십니까?"

설마는 늘 역시고.

"네, 잘 알고 있습니다."

"폭언, 막말, 괴롭힘, 성희롱 등 상사의 갑질 등으로 인한 직장 내 괴롭힘 때문이었습니다. 저는 우리 회사도 그 문제에서 자유롭지 않다고 생각하는데요, 대표님께서는 이에 대한 대책이 있으신지 궁금합니다."

"아… 혹시 그쪽… 어디시죠?"

"네, 저는 올해 입사한 전략팀 김한석입니다."

"김한석 님은 직장 내 괴롭힘을 당하고 계시는 중인가요?"

저게 말이야 방구야. 사람들이 수군거렸다. 아무리 오냐 오냐 하는 금수저 집안에서 온실 속 화초로 자라 사회화의 과정이 짧았다지만 물을 말이 있고 아닌 게 있지. 가해자가 옆에 있는데 피해자에게 '너 진짜 당했니?'라고 묻는 거잖아. 사람들은 신입의 입에서 그의 이름이 나올 것이라 예상하며 숨을 죽였다. 하지만 그는 하수가 아니었다.

"아니요. 전 전략팀장님이신 나선중 팀장님의 배려와 친절로 열심히 배우고 있는 중입니다. 전 제 경우를 묻는 게 아니라 우리 DM산업에서 그런 것들에 대비하고 있으신가 여쭤보는 겁니다. 만약 누군가가 괴롭힘을 당하고 있다면 어느 부서에 상담을 해야 하는 건지, 그 부서에서는 어디까지 조치를 취해주시는 건지, 피해자는 이를 위해 무엇을 해야 하는지 등의 매뉴얼이 있나 해서요."

"아… 인사팀장, 혹시 준비가 되어 있나요?"

화살이 인사팀장에게 넘어갔다. 인사팀장이 쭈뼛거리며 일어났다.

"특별히 규정된 매뉴얼은 없지만 상황이 발생하면 적절히 대처하려 노력하고 있습니다."

그러자 신입이 작정한 듯 또 물었다.

"어떤 노력을 하고 계시는지 여쭤봐도 되겠습니까?"

인사팀장이 곤란한 표정을 지었다. 속내를 들킨 사람처럼 얼굴이 새빨갛게 달아올랐다. 인사팀장이 한참 동안 말이 없자 인사팀을 총괄하는 총무실장이 마이크를 들었다.

"금명간 매뉴얼을 만들어 공식화하겠습니다."

총무실장의 대응이 마뜩잖았던지 대표가 목소리를 깔며 말했다.

"매뉴얼보다 당장 오늘부터 전 직원을 대상으로 이 내용 관련해 접수받으세요. 물론 익명으로요. 그리고 저한테 전부 가져오세요. 제가 직접 꼼꼼히 살펴보고 조치하겠습니다."

대표의 말에 김 사원이 자리에 앉았다. 그러자 신 사원이 조용히 속삭였다.

"한석이 저 자식 한 큐에 팀장 둘을 엿 먹이네요. 전략팀장하고 인사팀장. 대단한 놈이야."

나는 그 말에 아무 대답도 하지 못했다. 대신 김한석 사원의 옆얼굴을 바라봤다.

나 또한 괴롭힘의 당사자였다. 부당한 지시나 인격적 모욕 앞에 사직서를 쓸까 생각했지만 결국 현실에 굴복하고 도망쳤다. 내가 한 것이라고는 인사팀을 찾아가 눈물을 쏟으며 인사이동을 요청하는 것뿐이었다.

그래 놓고 그에게 당당히 따져 묻기는커녕 그 화살을 나에게 쏘았다. '내가 부족하니까 그랬겠지', '그에게 배울 점이 있긴 하지.' 그리고 여전히 나는 그의 눈빛 한 번에 온몸이 움츠러들고 그를 피해 다닌다. 하지만 김 사원은 자신의 문제를 당당히 드러냈다. 시계를 되돌려 그때로 돌아간다면 내가 김 사원처럼 할 수 있을까?

"또 다른 의견."

이번에는 신 사원이 손을 번쩍 들었다. 동시에 내 정신도 번쩍 들었다. 너 뭐야, 진짜 말할 거야?

"안녕하십니까. 아까 김한석 사원과 같이 입사한 신입사원, 소비자분석팀 신종혁입니다. 저희 소비자분석팀은…"

"아… 소비자분석팀! 최 실장님께 얘기 많이 들었습니다. 이번에 댓글 조작 사건에 아주 혁혁한 공을 세웠다고요."

"네, 그래서요 대표님. 저희가 이…"

"안 그래도 내가 그거 관련해서 얘기하고 싶었던 게 있는데, 최 실장 말로는 우리 소비자분석팀의 멤버들이 MZ세대라서 SNS도 활발하게 하고 트렌드에 밝다고요. 그래서 말인데 제가 소비자분석팀 멤버를 주축으로 해서 TF팀을 만들려고 합니다. 그 팀에서 자유롭게 아이디어를 내고 기업의 미래를 얘기하는, 뭐 일명 사내 벤처 같은 팀인 거죠. 그곳에서 글로벌적이고 엣지 있고 마케팅적이고 전략적인 마인드로 임하는… 그러니까 우리 MZ세대들을 멀티플레이어라고도 하잖아요? 제가 전폭적으로 지원해줄 거고요. 뭐라도 좀 해봤으면 좋겠어요."

저게 다 무슨 소리야. 우리를 주축으로 뭘 만들어? 그리고 뭐? 글로벌, 엣지, 마케팅, 전략? 저게 뭔 뜨거운 아이스 아메리카노 같은 소리야!

"대표님, 대표님. 그러니까 제가 드리고 싶은 말씀은 저희가 이번에 개인 인맥까지 동원하면서 엄청 열심히 일했습니다. 저희 노력을 인정해주신다고 하셨으니 대표님의 특급 칭찬을 기대하고 싶습니다. 하하하!!"

마음먹고 큰소리친 신 사원이 민망할 정도로 대표는 그 말이 무슨 말인지 모르겠다는 듯 고개를 갸웃했다. 그러자 옆에 앉은 최 실장이 그에게 뭐라 귓속말을 했다.

"아아, 난 요즘 사람이 아니라서 말을 줄이고 빨리 말하면 잘 못 알아들어요. 그런 말은 직접적으로 해야죠. 포상! 줘야죠. 포상 휴가도 주겠습니다. 이참에 우리 포상 제도를 다시 신설해볼까요? 이거 관련해서 총무실장님이 계획을 한 번 짜보시죠."

총무실장의 표정이 또 한 번 어두워졌다. 아무래도 우리 팀 찍힐 것 같아. 그래도 기쁘긴 기쁘다. 포상 휴가라니. 며칠을 줄까. 상금은 또 얼마나 주려나.

3

이틀이었다.

일주일 야근에, 전화비만 몇 십만 원이 나올 만큼 달렸는데 겨우 이틀이라니 신 사원이 씩씩대며 발을 굴렀다.

"주말 붙여서 쓰면 무려 4일이야. 가까운 데 여행 다녀오기엔 충분하지 않아?"

앞뒤로 잘라도 회사 편을 드는 말이었다. 나도 정말 상사가 다 됐구나. 언제부터 내가 그렇게 회사 방침에 만족했다고. 역시나 내 말에 신 사원의 입이 더 튀어나왔다.

"그래서 팀장님은 언제 쓰실 거예요?"

"이번 주 바로. 휴가는 빨리 써야 해. 안 쓰면 결국 날아가는 게 휴가라고."

"어디 가세요?"

"가긴. 나 완전 집순이거든요. 하루 종일 침대에 누워 넷플릭스나 보고 자고 먹고 할 거예요."

정말이지 아무 생각 없이 쉬고 싶었다. 몇 주 전부터 어깨가 뭉치면서 두통이 계속됐다. 팀원 체크, 업무 체크 등 24시간 '팀장 레이더'를 켜놓은 탓이었다. 주말에는 밀린 집안일에 눈코 뜰 새 없이 바빴다. 토요일에 느지막이 일어나 빨래하고 청소하면 하루 후딱, 일요일에 남은 집안일을 하고 나면 해가 졌다.

이번 휴가 때는 오롯이 나를 위해 시간을 쓰겠다고 마음먹었다. 집에만 있는 시간이 지루하면 평일 전시회에 가거나 고즈넉한 카페에 가서 커피에 책을 한 권 읽을 생각이었다. 하지만 휴가 첫날부터 꿈은 산산이 부서졌다.

'팀장님, 쉬시는데 죄송합니다.'

카톡은 바쁘게 울어댔다. 하나를 해결하면 또 다른 톡이 왔다. 팀원일 때처럼 카톡 알람을 꺼둘 수도 있지만, 하지 못했다. 팀원의 업무는 다른 팀원 혹은 팀장이 대체할 수 있지만 팀장의 업무는 그렇지 못했다. 나의 대답에 결재 가부가 달려 있고, 진행 여부가 달려 있었다.

처음에는 침대에 누워 손가락을 까닥하며 해결했다. 하지만 결국 자리에서 일어나 노트북을 켰다. 나에게는 없을 줄 알았던 책임감이라는 놈의 존재를 직장생활 9년 차가 되어서 확인하고 있었다.

휴가 근무는 참으로 괴로운 것이다. 모두가 휴가라고 알고 있지만 나만은 휴가가 아닌 상태. 공식적인 업무가 아니니 공식적인 점심시간도 없다. 밀려오는 업무 협조전을 처리하다 보니 오후 2시. 그때서야 나는 햇반을 전자레인지에 돌리며 한숨을 돌렸다.

이렇게 있다간 이틀을 몽땅 날려버리겠어. 나는 참치캔을 뜯어 맨밥에 대충 비벼 먹고는 간단하게 채비를 하고 밖으로 나갔다. 움직이는 버스에서도, 걸으면서도 자꾸 핸드폰에 눈이 갔다. 혹시나 나를 찾지 않을까, 누군가의 중요한 전화를 놓치지 않을까. 워커홀릭이라는 게 이런 것이구나 실감했다.

서울시립미술관을 오랜만에 찾았다. 주말에는 사람이 너

무 많아서, 평일에는 피곤해서 미뤄두었던 곳을 오늘에서야 오게 된 것이다. 가보고 싶은 곳이 있었다. 바로 일본 작가 쿠사마 야요이의 전시회. 그녀의 대표 작품인 물방울무늬 호박이 그곳에 있었다. 그녀는 어렸을 때 집에서 빨간 꽃무늬 식탁보를 본 후 그 무늬가 잔상이 되어 자신을 괴롭혀 왔다고 고백했다. 그녀는 그런 환영을 피하기보다 예술작품으로 승화시켜 모든 작품에 그 무늬를 그려넣었다. '아이러니하게도 그녀의 그런 강박적인 작품을 보면서 사람들은 위로를 얻는다'라고 했다. 나는 이 기사 한 줄 때문에 며칠 동안 그녀의 작품을 보리라 벼르고 있던 참이었다.

노란 호박 앞에 서자 숨이 멎는 것 같았다. 그녀가 겪었을 고통이 고스란히 전해져 왔다. 그녀처럼 나 또한 어떤 틀에 나를 가둬놓고 강박적으로 살아온 것은 아닐까. 항상 최악의 경우를 생각하느라 지나치게 조심했던 것은 아닐까. 그러다 보니 미완성이거나 애매모호한 것을 견디지 못해서 심각한 불안과 우울을 느껴왔던 것은 아닐까.

성취할 수 없다고 판단되는 일은 아예 시도조차 하지 않았다. 타인의 평가와 시선에 몹시 예민했고, 타인에게 지나치게 고개를 숙였다. 그게 완벽주의 강박이라면 강박이었다.

그다음에는 무한의 거울방이 있었다. 사방이 거울로 둘러

싸인 어두컴컴한 방이었다. 자신을 들여다보면서 삶과 죽음을 생각하고 깨닫는 곳이라고 했다. 인간 진서연, DM산업 소비자분석팀 팀장, 대한민국 서울에 사는 서른아홉 미혼 여자. 나를 만든 여러 가지 일과 장면이 머릿속을 스쳐 지나갔다. 모두가 그렇게 나름의 시간을 조용히 갖고 있는 그때였다.

"띠리라라라 라라."

아주 요란한 음악이 들려왔다. 누구야! 미간을 찌푸리며 고개를 돌리려는데, 나다. 내 주머니에서 나는 핸드폰 소리다. 경비로 보이는 듯한 정복을 차려입은 사람이 뛰어왔다. 나는 큰 잘못을 저지른 죄인처럼 그곳을 도망쳐 빠져나왔다. 서둘러 핸드폰을 내려다봤다. 최 실장이었다.

"네, 실장님."

"휴가인데 미안해요."

"(괜찮지 않지만) 괜찮습니다."

"그래도 팀장인데 알아야 할 거 같아서 전화했습니다."

"네, 무슨 일…."

"내일부로 소분팀에 팀원이 하나 충원될 겁니다. 그때 대표님 말씀대로 TF팀을 구성했어요."

"내일요? (저 내일모레까지 휴가인데요…)"

"내일모레까지 휴가죠? 신경 쓰지 말고 쉬어요. 길게 말 안

해요. 끊습니다."

휴가 날짜까지 기억해주는 것은 고마운데, 뭐야. 온갖 심란한 정보는 다 던지고서 신경을 쓰지 말라니. 더욱더 화가 나는 것은 TF팀이라면서 추가 인원은 고작 한 명이다. 이래 놓고 소분팀 일에 TF팀 일까지 다 하라는 거겠지. 팀원 세 명으로 무슨 아이디어를 짜고, 전략을 고민한단 말인가. 회사가 그렇지 뭐, 언제는 내 사정 봐줬나. 그래, 생각은 휴가 끝나고 나서 하자.

집에 가는 길에 타이레놀 두 통을 샀다. 평소에 사던 알약을 청하는데 약사가 물약이 효과가 빠르다며 권해준다. 아니에요. 알약으로 살게요. 알약으로 먹어야 머릿속에 들끓던 고민까지 같이 꿀꺽 넘겨지는 것 같거든요. 꿀꺽꿀꺽.

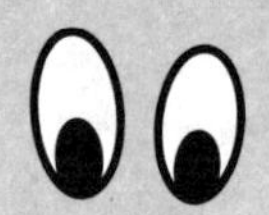

새로운 팀원 권 차장

1

'팀장님, 저희 팀에 영업팀 권 차장님이 발령 나셨어요….'

신 사원의 톡이었다. 나는 아무 말없이 눈물의 이모티콘 하나만 보냈다.

'팀장님도 안 계신데 인사발령이라니.'

'신 사원이 후배니까 권 차장한테 현재 진행되고 있는 일 설명 잘하고, 혹시 무슨 일 있으면 연락하고요. 휴가지만 이 단톡방은 챙겨 볼게요.'

아무 말없이 단톡방을 보고 있을 표 사원에게도 농담을 건넸다. 나는 그녀에게 당신은 나의 팀원이자 같은 운명체라는 것을 계속해서 상기시키고 싶었다.

'표 사원. 말없이 뚱하니 일만 하지 말고ㅋㅋㅋ 살갑게 잘 해봐요.'

'네.'

또 단답형이다. 50대 경상도 남자처럼 무뚝뚝하기 짝이 없구나.

'아, 권 차장은 나이가 몇이려나.'

'팀장님보다 한 살 많다고 합니다.'

'아, 진짜??'

나이 많은 후배라니. 겪어보지 않은 또 하나의 사건이다. 괜찮을까? 내가 선배 노릇을 잘할 수 있을까. 그래도 직장에서는 직급이 깡패라잖아. 하지만 그건 큰 착각이었다.

"안녕하세요, 진서연 팀장입니다."

"안녕하십니까, 선배님. 영업팀에서 열심히 구르다 대표님의 명을 받고 오게 된 권도우 차장입니다."

이틀 후 마주한 권 차장은 벌써 적응한 듯 보였다. 소문대로였다.

'골드라인. 나 팀장부터 최 실장, 대표까지 이어지는 골드라인 멤버. 넉살 좋고, 술 좋아하고, 여자 좋아하고, 골프 치고. 일보다는 인맥 관리에 충실한 스타일. 다루기 쉽지 않을

거야.'

서 팀장의 말을 복기하며 그를 살펴봤다. 오며 가며 본 적은 있었지만 이렇게 마주한 것은 처음이었다. 그는 늘 사람들과 같이 있었다. 나 같은 자칭 타칭 아싸하고는 조금의 교집합도 없는, MBTI로 따지면 상극인 인물이었다.

"말씀 많이 들었습니다, 팀장님. 이번에 댓글 조작 사건으로 큰 신임을 얻으셨다고요."

"아… 뭐 그렇게까지."

"제가 팀장님 열심히 보필하여 또 한 번 큰 신임을 얻으시도록 해보겠습니다."

"하하… 네."

말 한 번 청산유수다. 아부의 정석이라면 권 차장이 아닐까 싶을 정도였다.

짧은 인사 후 그는 자주 자리를 비웠다. 전략팀에 가 있는가 하면 기획팀에 가 있었다. 마치 이사를 왔다고 떡을 돌리는 성미 좋은 이웃처럼 그는 건물 곳곳을 찾아 자신의 인사발령 소식을 전했다. 그의 구둣발 소리는 유난히 컸다. 다그닥 다그닥. 나는 그게 나 팀장의 효자손 같다는 생각이 들었다. 불길한 예감이 엄습해왔다.

그는 한참 후에야 자리로 돌아왔다. 와서는 또 팀의 분위기를 휩쓸었다. 키보드 소리만 나던 팀 분위기가 소란스럽게 바뀌었다. 권 차장은 오 선배님! 오 후배님! 해가며 수시로 전화를 걸고 받았다.

신 사원이 자료 요청 관련 통화를 하자 듣고 있다가 자기가 나서기도 했다. "어유, 선배님. 부탁 좀 드리겠습니다. 예예, 한 번 찾아봅죠" 하면서 해결했다. 내가 업체와 연결이 안 돼 끙끙대자 듣고 있다가 참견하며 자기 인맥으로 연락처를 얻어내기도 했다.

한 번은 그가 신 사원과 표 사원을 회의실로 따로 불렀다. 나는 그들의 움직임을 모르는 척하며 신경을 곤두세웠다. 긴 시간이 흘러서야 셋이 돌아왔다. 그것도 아직 재미있는 이야기가 끝나지 않은 듯 왁자지껄하게. 평소 얼굴에 웃음기라고는 없는 표 사원마저도 미소를 띤다. 그녀의 표정을 보자 이상하게 기분이 가라앉았다. 나 혼자 소외되는 느낌이 들었다.

"뭐 재미있는 이야기했어요?"

나는 참지 못하고 자리에서 일어나 그들에게 물었다.

"예, 그간 있었던 일을 들었거든요. 팀장님, 팀원들 대상으로 신입 교육하신다면서요. 팀장님 바쁘실 텐데 이제 제가 해도 될까요? 기본 보고서 쓰는 거나 문서 정리 같은 거는 제가 해도 되는 수준인 거 같아서요."

"어… (이상하게 기분이 안 좋지만 거절할 이유가 없다) 좋아요. 안 그래도 요즘 교육시간을 뺄 수가 없어서 고민 중이었는데… 잘됐네요. 차장님께 부탁하죠."

"넵, 감사합니다. 열심히 해보겠습니다. 팀장님, 오늘 점심도 혼밥하시나요?"

"네? …네. 오늘 운동 가는 날이라…."

"넵. 저희는 그럼 점심 식사 다녀오겠습니다."

"식사 맛있게 하세요!"

"다녀오겠습니다!"

아니, 뭐야. 이제는 점심까지 셋이서만 한다고? 그것도 표사원까지? 뭐야, 저것들.

필라테스 가는 내내, 옷을 갈아입고, 준비 운동을 하는 내내 휑하고 떠나던 그들의 뒷모습이 머릿속을 가득 채웠다. 기분이 나쁘고 속상하고 우울하고 답답했다. 마음이 그러하니 동작이 잘될 리 없었다. 나는 몇 번이고 정신을 팔다 결국 바렐 위에서 고꾸라지고 말았다.

접질린 발목은 걸어오는 내내 시큰거렸다. 그 바람에 점심도 챙기지 못하고 바로 사무실로 들어왔다. 발목 통증 때문이 아니라 팀원들의 행동 때문이었다. 허기가 느껴지지 않았다. 탕비실에서 간단한 간식으로 배고픔을 달래기로 했다.

2

팀원들이 팀장인 나보다 권 차장을 더 믿고 따르는 것 같았다.

불안했다. 나는 아직 팀장으로서의 내 능력에 대해 의심하고 있었다. 그러니 여전히 줄타기를 하듯 위태했는데, 지금 권 차장과 팀원들의 행동이 나를 슬쩍 미는 것같이 느껴졌다. 나는 여전히, 이들에게 리더가 아닌 것일까.

"점심 안 가고 뭐 하십니까?"

갑작스런 음성에 소스라치게 놀라 물건을 훔치다 들킨 도둑마냥 뒤를 돌아봤다. 탕비실 안으로 최 실장이 고개를 불쑥 들이밀었다.

"밥 먹었어요?"

"아, 실장님. 대충 먹었습니다. 식사하셨어요?"

"나야 맛있는 거 먹고 왔지요. 음… 간식 챙기는 거 같은데 잘 먹어야지, 이런 걸로 때우면 안 돼요."

"하하… 걱정해주셔서 감사합니다."

"그럼 수고!"

돌아서는 그를 보면서 놀란 가슴을 진정시키는데 그가 다시 돌아와 물었다.

"아, 어제 받은 소비자리포트 검토했고, 오후에 피드백 줄게요. 방으로 와요"

"소비자리포트요?"

"권 차장한테 받았는데, 진 팀장은 몰랐나요?"

"아… 네… 알고… 있습니다."

"이따 전화할 테니 오세요."

소비자리포트? 몰랐다. 권 차장이 나를 거치지 않고 최 실장에게 보고한 것일까. 내가 패싱을 당한 거야?! 불쾌한 감정이 휘몰아쳤다. 그때였다. 다그닥 다그닥. 그가 왔다.

"그래서 제가 대표님께 직보를 했다는 거죠. 같은 동아리인 걸 알았거든요. 그래서…."

권 차장이 무용담을 팀원들에게 늘어놓고 있었다. 나는 그 모습에 더 불쾌해졌다.

"식사 다녀왔습니다."

아무것도 모르는 팀원들이 꾸벅 인사한다. 나는 황급히 표정을 풀고 어색하게 웃으며 인사를 받았다. 그런데 눈치 빠른 권 차장이 대뜸 다가와 묻는다.

"어디 불편하십니까. 안색이 안 좋으세요."

"아… 발목을 접질려서…."

"허이쿠, 큰일이네요. 병원 다녀오셔요, 팀장님. 그거 놔두면 엄청 퉁퉁 붓습니다. 제가 잠깐…."

권 차장이 갑자기 내 발목을 살피겠다는 듯 허리를 숙였다. 나는 그의 갑작스런 스킨십에 화들짝 놀랐다.

"그만! 저리로 가요!"

나는 소리를 빽 질렀다. 점심을 먹고 들어오던 사람들이 놀라 내 쪽을 쳐다봤다. 목소리가 너무 커서 나도 당황했다. 나를 패싱했다는 불쾌감이 큰 소용돌이를 만들어 본능적으로 소리를 질렀으리라.

"아… 죄송합니다."

얼굴이 시뻘겋게 달아오른 권 차장이 주춤주춤 몸을 일으켰다. 나는 이내 후회했다. 내가 지금 화를 내야 할 것은 그게 아니었다. 왜 팀장인 나를 무시하냐고, 위계질서는 어디에 있냐고 캐물어야 했다.

그때 전화가 왔다. 최 실장이었다.

"진 팀장, 내가 오후에 급하게 미팅이 잡혀서 지금 좀 올래요? 내가 간략하게 얘기해주고 나가야 할 거 같아."

"네, 알겠습니다."

아직 보고서를 보지 못한 상황이었다. 전쟁에 나가면서 방패 하나 챙기지 못하고 나가는 듯한 느낌이 들었다. 그래도 어쩌랴. 상사가 부르면 맨몸으로라도 가야지.

최 실장은 급한 듯 벌써 재킷을 입고 있었다. 나도 황급히

테이블 앞에 앉았다. 그가 보여주는 보고서를 봤다. 처음 보는 보고서였다. 그러나 티를 내지 않으려 애를 썼다. 겉에는 소비자분석팀이라 적혀 있었지만 낯설었다. 기존의 형식에서 많이 달라져 있었다. 표가 그래프로, 진회색의 음영뿐이었던 문서가 빨간색과 파란색으로 뒤범벅되어 있었다. 자세히 읽어보려는데 실장이 말을 건넸다.

"지난번보다 보고서가 눈에 잘 띄어서 그 점은 좋아요. 근데 개선방안이 좀 이해가 안 가서요. 용기 불량에 대한 방안으로 용기 제작 업체를 교체하겠다? 이거 이렇게 간단한 문제 아닌 거 진 팀장도 잘 알잖아요."

"네… 그렇죠."

처음 듣는 내용이었다. 특히 개선방안은 휴가 가기 전 칸을 비워놓고 간 내용이다. 그곳에 최 실장이 말한 내용의 문장들이 빼곡히 적혀 있었다. 권 차장이 썼을 것이다. 그렇다고 최 실장에게 '제가 쓴 게 아니어서요'라고 할 순 없었다.

"음, 업체 모니터링 강화 및 자체 불량률 사전검수 지시 등 실현 가능한 걸로 대체해보겠습니다."

"그러니까, 잘 알면서 왜 이걸 썼을까요."

"…"

"아무튼 그걸로 수정해주시고요. 다른 건 뭐 손댈 거 없는 것 같고, 아 맞다. 권 차장도 투입됐으니 이제 TF 활동도 시작해야겠네요. 대표님이 기대가 크시더라고요."

"네, 알겠습니다."

"그럼 난 이만 나가봐야 해서. 고생 많아요, 진 팀장. 어려운 일 있으면 언제든 찾아와요. 나 생각보다 고루한 사람 아니니까 개인적인 요청도 다 받아줄 마음 있어요. 뭐 연애 상담도 좋으니까. 하하하."

연애 상담 말고요, 실장님. 리더십 상담 좀 해주세요. 리더는 이럴 때, 위계질서를 따져야 하는 것 맞죠? 이게 꼰대는 아닌 거죠?

자리로 돌아와 생각했다. 여러 가지 떠오르는 질문들을 하나하나 정리했다. 권 차장은 왜 나를 건너뛰고 실장에게 보고했나. 소비자리포트는 월말 금요일에 보고해왔는데 왜 아직 사흘이나 남았는데 보고했는가.

'왜 나를 패싱했나'라는 질문은 하지 않기로 했다. 이 질문은 나의 열등감을 드러내는 것 같으니까. 조용히 권 차장만 따로 불러 얘기할 것인가. 아니다, 신 사원과 표 사원도 알아야 한다. 너희들이 믿고 따르는 권 차장이 이런 잘못을 했고, 나는 지적을 하는 것이며, 너희들도 조심하라고. 그리고 팀장은 권 차장이 아니라 나 진서연이라고.

"권 차장, 잠깐 내 자리로 와볼래요?"

권 차장이 자리에서 일어나 다가왔다. 다그닥 다그닥. 그의 구두가 눈에 들어왔다. 앞코가 뾰족한 와인 빛의 구두였다. 저 구두는 왜 자꾸 신고 다니는 거야, 슬리퍼도 없나 싶었다. 아니야, 지금은 구두가 아니라 소비자리포트 얘기를 해야지. 마음을 고쳐먹었다. 누군가의 잘못을 지적하기 위해 냉정해지는 것은 쉬운 일이 아니었다.

"방금 전에 최 실장님께 다녀왔어요. 실장님께서 소비자리포트를 보여주시면서 수정사항을 말씀하셨는데, 제가 이 문서를 처음 보거든요. 무엇보다 매 달 마지막 주 금요일에 나가는 문서가 미리 보고됐다는 게 이해가 안 되는데, 설명 좀 해줄래요?"

긴장한 나와 달리 그의 표정은 뭘 이런 대수롭지 않은 일을 가지고 하는 표정이다. 어떻게 저럴 수 있지? 상사한테 지금 혼나는 건데?

"아, 네. 팀장님. 설명드리겠습니다. 최 실장님께서 팀장님 휴가였던 화요일, 소비자리포트를 미리 보고 싶다고 말씀 주셨습니다. 그래서 제가 팀장님께서 작성하시던 걸 일부분 수정해 보고드렸습니다. 당시 팀장님께 연락을 드릴까 싶었지만 휴가를 방해하는 거 같아 하지 않았고, 다녀오시면 보고

드리려고 생각하고 있었습니다."

"그런데 안 했네, 그죠?"

너무도 당당하고 건조한 그의 말투에 오히려 나의 말에는 감정이 섞이기 시작했다.

"그 부분은 제가 미흡했던 거 같습니다. 죄송합니다."

"그렇다면 한 가지 더 물어볼게요. 개선방안 이거 권 차장님이 작성했어요?"

"네, 제가 영업팀에 있을 때 여기 용기업체 대표가 협조가 잘 안 돼 애를 먹은 적이 있습니다. 이번 소비자리포트 주제가 용기 불량률이 높다는 내용이어서 이참에 업체를 바꾸는 것도 좋은 대안이 되지 않을까 싶어 써보았습니다."

"업체 바꾸는 게 그렇게 간단해요?"

"네?"

"이 업체 우리 회사랑 10년 넘게 거래한 곳이에요. 근데 바꾼다? 누구 맘대로? 이걸 차장님이 혼자 생각하고 결정해놓고 팀 이름으로 보고서를 써요?"

"…"

목소리가 점점 떨리고 있었다. 감정이 끓어올랐다. 순간 이렇게 목소리를 높일 일인가 싶었다. 내가 문제를 너무 크게 만든 것은 아닌지, 어차피 수정하기로 한 문구인데 괜히 지나간 일로 후배 하나 잡는 것은 아닐까 오만 가지 생각이 들었다. 하지만 한 번 분출된 감정은 쉽사리 사그라들지 않았다.

"불쾌하셨다면 죄송합니다."

"불쾌? 내가 불쾌해서 이러는 걸로 보여요?"

"죄송합니다."

그만, 그만하자. 진서연. 너 지금 너무 감정적이야. 몸의 방향을 바꾸려는데 발목이 욱신거렸다.

"들어가봐요. 다음부터는 내가 자리를 비워도 연락 주세요. 주말이든 휴가든."

그래, 팀장에게 주말이 어디 있고 휴가가 어디 있냐. 나는 자조하며 발목을 문질렀다. 아까보다 발목은 더 부어 있었다. 이대로 나뒀다가는 당장 내일 출근도 못할 판이었다.

'나 잠깐 정형외과 좀 다녀올게요.'

무거운 침묵이 흐르는 사무실에서 벗어나기에 딱 좋은 핑계이긴 했다. 나는 팀원들의 답변을 보지도 않고 절뚝거리며 바로 밖으로 나와버렸다. 찬바람이 얼굴을 스쳤다. 평소라면 움츠렸을 추위지만 오늘따라 그 바람이 고마웠다. 시원했다. 괜찮다고 이제 좀 가라앉히라고 다독여주는 것 같기도 했다.

의사는 다행히 인대나 뼈에는 손상이 없다며 물리치료와

진통제를 처방했다. 나는 빨건 적외선 불빛을 멍하니 바라봤다. 마음이 차분해지니 좀 전의 상황들이 스쳐 지나갔다. 내가 잘못한 것은 아닐까, 다른 방법으로, 다른 말로 그를 혼냈어야 했나. 아님 조용히 타일렀어야 했나. 이럴 땐 새가슴인 내가 너무 싫었다. 콩알만 한 간도 짜증스러웠다.

3

드르르륵 전화기가 울렸다.

마케팅팀장이었다.

"네, 팀장님."

"작년에 핸드워시 관련 여론조사한 거 이거 대외비예요?"

"네? 어떤 거요?"

"AC리서치에 의뢰해서 진행한 거. 이 데이터 우리가 좀 홍보용으로 썼으면 해서요."

"무슨 자료 말씀이신지…."

"엥, 권 차장이 얘기 안 했어요? 어제 우리가 자료 요청해서 받았는데."

"…"

"보고가 안 됐나 보네요. 그럼 팀장님, 확인해보고 전화 주시겠어요?"

"네… 다시 연락드리겠습니다."

이게 진짜. 화가 머리끝까지 났다. 아마 내 얼굴은 적외선 불빛보다 더 붉어졌으리라. 나는 마케팅팀장의 전화를 끊자마자 권 차장에게 바로 전화를 걸었다.

"네, 팀장님."

그와 얼굴을 마주하고 있지 않다는 점이 용기를 줬던 것일까. 나는 눈에 뵈는 것이 없었다.

"야!!!!!!!! 네가 팀장이야!!!!!!!!!!"

물리치료실 커튼이 방음이 될 리가 없다. 나의 샤우팅은 조용하던 치료실에 쩌렁쩌렁하게 울렸다.

"야!!! 너 마케팅팀에 내 허락 없이 자료를 넘겨?!!! 너 뭐야?!!! 네가 팀장이야?!!!"

수화기 너머에서는 아무 소리도 들려오지 않았다. 회사 후배에게 이렇게 소리를 질러본 적은 처음이었다. 아니 가족이 아닌 타인에게 이렇게까지 화를 내본 적이 있던가.

"저… 손님, 통화는 밖에서…."

병원 직원이 커튼을 열고 들어와 속삭였다. 부끄러웠다. 나는 권 차장의 대답을 듣지도 않고 통화 종료 버튼을 눌렀다. 한참이나 남은 물리치료를 그만두고 주섬주섬 양말을 챙겨 신었다.

바깥바람은 아까보다 더 차가웠다. 한참을 절뚝이며 걷고 있는데 비까지 내렸다. 나는 뛰지도 못하고 그 비를 쫄딱 맞았다. 권 차장은 왜 자꾸 나를 건너뛰는 것일까, 나보다 나이가 많아서? 나보다 아는 선배가 많아서? 자신이 끗발 좋은 골드라인이라서? 그것도 아니면 내가 여자라 만만해서?

생각해보니 소리를 지르던 내 모습은 9년 전의 효자손과 똑같았다. 보고 배운다더니, 욕하면서 닮는다더니 나도 모르게 그를 따라 하게 된 것일까. 몸서리치게 싫었다.

사무실은 아까보다 더 쥐 죽은 듯이 고요했다. 조용히 자리에 앉았다. 어찌 됐든 소리를 지르고 화를 낸 것은 잘못이다. 권 차장도 여기에서나 내 후배지 밖에서는 나이 마흔을 바라보는 어른이다. 그가 내 감정의 쓰레기통일 이유도, 의무도 없다. 소리를 지른 것은 그의 인격에 대한 모독일 수 있다. 그렇지만 잘못은 했다. 난 왜 좀 더 어른스럽게 그 잘못만 콕 짚어 지적하지 못했을까. 감정이 앞선 내가 후회됐다. 어떻게 풀어야 할지 막막해하고 있는데 카톡이 왔다.

'팀장님, 잠깐 회의실에서 뵐 수 있을까요.'

권 차장이었다. 그가 면담을 요청한 것이다. 무슨 말을 하려는 것일까. 난 그에게 뭐라고 해야 할까. 회의실에 들어서기 전까지 생각했다. 그래, 소리 지른 것은 분명히 해서는 안 될 행동이었다. 미안하다고 하자. 하지만 분명히 잘못은 짚자. 팀장 패싱은 절대 안 된다.

"차장님, 미…"

"죄송합니다, 팀장님. 제가 생각이 짧았습니다."

권 차장이 내 말을 가로막으며 사과했다. 역시 보통 인간은 아니다.

"아, 아니에요. 아까 미안해요. 소비자리포트 건도 그렇고 이번 마케팅 건도 같은 문제가 반복돼서 좀 많이 당황했거든요."

"마케팅팀에서 예전 자료를 공유해줄 수 있냐고 물어왔습니다. 1년이나 지난 자료였고, 대외비 자료도 아닌 듯해서 공유했습니다. 팀장님께 보고드렸어야 하는데 이런 자질구레한 것까지 보고드리는 건 아닌 거 같다고 판단했던 거 같습니다. 다음부터는 일일이 모든 걸 다 보고드리겠습니다."

자, 잠깐. 권 차장 말이 이상하다. 뭐랄까. 잘못은 인정하지만 해결 방법이 뭔가 나한테 패널티를 주는 느낌이다! 이 사람, 지금 반항하는 거야?

"아, 아뇨 아뇨. 자질구레한 거 아닙니다. 그리고 누가 대외비 자료 아니래요. 그거 자체 판단이잖아요. 소비자리포트 개선 방안도 차장님 자체 판단으로 나갔죠. 내가 팀장으로 있는 건 나보고 판단하고 그에 대한 책임을 지라는 거예요. 차장님이 결정하면 책임도 차장님이 지나요? 아니잖아요."

"책임지라면 지겠습니다."

"그 얘기가 아니에요. 책임지라는 게 아닙니다."

"그럼…."

그럼? 내가 팀장이라고, 이 자식아. 내가 책임질 테니까, 나의 권한과 의무를 네 멋대로 패싱하지 말라고. 권 차장은 아무것도 모르겠다는 듯한 표정을 짓고 있었다. 정말로 모르는 거니, 모르는 척하는 거니. 모를 리가 없잖아, 사회생활 백단인 당신이. 그래 나도 만반의 준비를 해야겠다. 고수에게 초짜처럼 굴다가는 내 발에 내가 넘어질 수 있다.

"조만간 팀 내 회의를 할 겁니다. 새로운 사람이 왔으니 업무 분장도 새로 해야 하니까요. 그때 얘기하죠. 권 차장의 업무, 그때 줄게요."

권 차장이 알겠다고 했다. 하지만 표정은 뭔가 불만이 가득한 표정이다.

나는 과연 팀장으로서 권 차장을 잘 컨트롤할 수 있을까. 산 넘어 산이라더니 내가 꼭 그 꼴이었다.

피하는 것이 상책

1

'피할 수 없다면 즐기라.'

이 말보다 내가 더 자주 보는 말은 '피하는 것이 상책'이다.

조언이라도 얻고 싶어 유명한 처세술 책을 다 뒤져보면 모두 이 문장 하나로 귀결된다.

'타인이 나를 공격하면 멍멍소리라 생각하고 한쪽 귀로 흘리라.'

'사이코패스가 주변에 있다면 피하라.'

하지만 겪어본 사람은 안다. 아무리 귀를 막고, 애써 번역기를 사용해 '저건 애정결핍에 걸린 사이코패스의 자기 고백'일 뿐이라고 희망 회로를 돌려봤자다.

사람은 타인의 공격을 받는다고 느끼는 순간 본능적으로 방어기제가 발동된다. 이 방어기제는 심장에게 펌프질을 더 많이 하라고 명령한다. 그러면 피가 갑자기 빨리 돌면서 이성이 멈추고 감정이 작동한다. 몸이 스트레스 호르몬을 최고 수치로 끌어올린다는 뜻이다. 피하라는 말이 하나 마나 한 소리인 이유다.

팀장 때문에 이직하고 싶습니다

나에게 대드는 팀원, 어떻게 해야 할까요

동기가 내 뒷담화를 하고 있다는 사실을 알았어요

직장인의 커뮤니티에는 일에 대한 고통보다 타인에게 받는 스트레스를 토로하는 글이 많다. 나와 맞지 않는, 나에게 불쾌감을 주는 타인과 한 공간에서 말을 섞고 얼굴을 마주해야 하는 것은 모든 이에게, 아마 스님이나 추기경 같은 수행자들에게도 고통일 것이다.

그런데 마음 수행은커녕 자기 객관화도 안 되는 중생인 나는 더 하지. '미워하지 마라. 미워하면 내가 고통스러워진다'라는 법륜 스님의 말도 소용없다. 팀원이 미운 것이니 팀장인 내가 피할 수도 없다. 내 에너지의 전부를 권 차장 한 명을 위해 영끌해 써야 할 판이다. 부동산 영끌하면 아파트라도 남지, 에너지 영끌해서 남는 것은 번아웃, 두통뿐이다.

그렇다면 '피할 수 없다면 즐기라'라는 말은 어떤가. 팀장이 팀원을 데리고 즐기는 것, 그건 한 마디로 내가 짊어진 업무의 일부를 떼다가 권 차장을 주는 것이리라. 마침 리더의 능력에 '권한 위임(Delegation of authority)'도 포함된다는 어느 블로그 글도 본 적이 있다.

내 업무를 나열해봤다. 소분팀에서 정기적으로 나가는 보고서 3종 쓰기, 빅데이터 툴로 여론 분석하기, 여론조사 업체 핸들링하기, 사업 기획안 및 예산안 작성 등. 하지만 그 어느 것도 뚝 떼어다 권 차장에게 줄 수는 없었다. 그와 내가 교류가 없어도 오랜 시간 같이 일할 수 있는 것, 매우 독립적인 업무를 찾아야 했다. 권 차장은…

1. 드러내는 것을 좋아하고

2. 앉아 있는 것보다는 움직이는 스타일이며

3. 정리하고 계획하는 문서 작성보다 협업하고 조율하며 새로운 일을 세팅하는 업무에 어울리는 사람이다!

그렇다면 TF 업무! 딩동댕. 서포터로는 표 사원. 그녀의 묵묵한 업무 스타일이 그와 잘 맞을 것이다. 왠지 꿩 먹고 알

먹기인 듯한 기분이 들었다.

팀 회의를 열었다. 나는 권 차장에게 TF 업무를 일임하면서 큰 인심을 쓰는 것처럼 과장했다.

"대표님의 기대가 크다고 하셨어요. 차장님은 추진 능력, 아이디어에서 뭐 하나 빠지지 않고 좋으니까 믿고 맡길 수 있을 거 같아요. 나한테는 퇴근 전에 한 번씩, 진행된 업무를 간략히 보고해주면 될 거 같아요, 필요하다면 나와 신 사원도 투입될 테니 말씀 주시고요."

나는 그가 고래처럼 춤추길 바라며 그의 능력을 칭찬했다. 머쓱해하는 것을 보니 빈말이라도 잘했다는 생각이 들었다.

"그리고 표 사원은 아까 말한 대로 권 차장을 서포트하고요. 우리 소분팀이 두 체제가 되어 잘 해내봅시다!"

표 사원과 신 사원은 말이 없었다. 그저 내가 하는 말에 조심스럽게 고개만 끄덕일 뿐이었다.

"점심은 권 차장 환영식 겸 회식하죠. 밥은 내가 살게요."

불만이 있더라도 따라와줘. 그게 내가 살 길이야. 나는 속으로 중얼거리며 카드를 꺼냈다. 보쌈집에 갔다. 가격은 있지만 칼국수와 보리밥이 서비스로 나오는 가성비 좋은 맛집이다. 후배 셋을 데리고 밥을 먹는 것은 처음이다. 팀원 하나가 숟가락과 젓가락을 세팅하고, 또 다른 하나가 물을 따르고, 또 다른 하나가 주문을 했다. 나는 처음으로 팀장의 대접을 받고 있었다. 그런데 그게 참으로 좋은 것이다. 이래서 팀장들이 팀원들 우르르 데리고 식당에 가는구나 싶었다.

그러나 좋은 줄만 알았던 그 위치는 밥상머리에서 만이었다. 6만 7,000원. 아무것도 하지 않고 후배들의 수발을 받은 대가였다.

이왕 이렇게 된 거 커피도 쐈다. 권 차장과 신 사원이 분위기를 이끌어갔다. 둘은 축구와 컴퓨터를 공통분모로 수다를 떨었다. 그 사이에서 표 사원과 나는 조용히 눈동자를 굴리며 짧게 호응했다. 표 사원과 눈이 마주쳤다. "재미없다, 그지?" 속삭이듯 묻자 그녀가 대답했다. "무슨 소린지 1도 모르겠네요." 그러고는 클클거리며 웃었다. 처음으로 그녀와 내가 같은 마음인 게 느껴졌다.

"표 사원은 좋아하는 거 없어요?"

"전 아로마에 관심이 많습니다."

"아로마? 오일?"

"네, 향에 관심이 많아서요."

"아… 그래요."

나는 향을 싫어한다. 인간의 체취부터 공기 중에 떠도는 모든 향을 극혐한다. 사무실에 퍼져 있는 올드 스파이스 향을 두통의 원인으로 꼽는 사람이다. 나랑은 역시 좀 다른 사람이네 싶었다. 더 이상 묻지 않았다. 내가 아는 표 사원은 자기 이야기 꺼내는 것을 싫어했다. 팀장이라고 억지로 그녀가 그어놓은 선을 마구 넘을 수는 없었다.

내가 입을 닫으니 더 이상 표 사원도 아무 말을 하지 않았다. 뜨거운 아메리카노가 바닥을 드러낼 때까지 권 차장과 신 사원의 이야기만 계속됐다.

커피까지 총 9만 원에 가까운 돈이 빠져나갔다. 이래서 요즘 팀장들이 밥을 따로 먹는구나. '개인주의가 문제가 아니라 고물가가 문제네'라고 속으로 중얼댔다.

2

나와 신 사원이 소분팀 업무의 80퍼센트를 소화했다.

그동안 권 차장과 표 사원은 시장 트렌드 파악에 힘을 쏟았다. 소분팀 업무가 과중되면 표 사원이 도왔고, 표 사원이 버거워하면 신 사원이 투입되는 식으로 협업도 순조롭게 이루어졌다. 권 차장이 가져온 결과물은 썩 괜찮았다. 8년 차 직급의 후배가 있으니 손볼 곳이 적네 싶어 마음이 놓였다.

매출 신장을 위해 이벤트를 하자는 아이디어 또한 좋았다. 그는 DM산업의 역사를 한눈에 볼 수 있는 DM전시회를 하자고 했다. 전시회라는 이벤트는 썩 마음에 들지 않았지만 그의 들뜬 표정을 꺾을 자신이 없었다. 표 사원과 신 사원이 찬성표를 던졌으니 내 취향만 꺾으면 될 문제였다.

“좋은 거 같아요, 정말. 나는 이런 거 생각도 못했는데. 듣던 대로 권 차장님은 뛰어나네요. 어떻게 이런 아이디어를 생각해낸 거예요?”

“짬밥이 되면 이쯤은 별거 아닌 게 되죠 뭐. 하하하하.”

과장을 보태 칭찬하니 허세가 끝장이다. 그래도 팀원들에게서 만족할 만한 결과물이 나오니 기분은 좋았다. 팀원들은 사람 좋고 무능한 팀장보다 성격파탄자여도 능력자인 팀장을 좋아한다더니. 그 반대도 비슷한 것 아닌가 싶었다. 제 멋대로이고 거만하지만 이 정도 실력의 팀원이면 내가 적응해야지 싶었다.

표 사원의 노고도 칭찬하고 싶었다. 고개를 빼 그녀를 찾으니 무언가 열심이다. 표 사원은 권 차장이 자리를 비울 때에도 늘 허덕이는 것 같았다. 어제는 하루 종일 외근을 했다. 그제는 저녁 8시가 넘어 퇴근을 했다고도 했다.

“표 사원도 고생했어요.”

일부러 큰 소리를 내 격려하려는데 파티션 너머로 쑥 나온 그녀의 표정이 좋지 못하다. 그 눈빛에 나는 그만 더 이상의 말을 하지 못했다. 고생이라는 말보다 더 어두운 감정이 그녀의 얼굴에서 읽혔다. 내가 더 이상 입을 열지 않자 그녀가 입을 열었다.

"팀장님… 제가…."

그때였다. 권 차장이 사무실에 들어오며 표 사원을 찾았다.

그러자 표 사원은 단념한 듯 바로 그에게 가버렸다. 나는 그게 그녀의 SOS 신호라고 직감했다. 고생이 아니라 혹사당하고 있는 것은 아닐까. 권 차장을 불러 표 사원에게 업무가 과중되고 있으니 줄여야 하지 않겠느냐고 물어야 할까. 여러 생각들이 꼬리를 물어 계속됐다. 하지만 결국 권 차장에게도, 표 사원에게도 말하지 못했다.

TF팀의 팀장은 권 차장이다. 권 차장에게 처음부터 끝까지 책임지고 해보라고 했다. 권한을 위임한 것이다. 그러니 나에게는 권리가 없다. 솔직히 말하면 좋은 핑계일 것이다. 컨트롤되지 않는 권 차장과 좀처럼 친해지지 않는 표 사원이었다. 그 둘의 문제를 굳이? 싶었다. 그래도 표 사원의 표정이 걸린다. 나는 권 차장에게 카톡 하나를 보냈다.

'혹시 업무가 과중되면 말해요.'

그러자 바로 권 차장에게 답이 왔다.

'넵.'

그것도 스마일 이모티콘과 함께.

3

그러던 어느 날이었다.

권 차장과 표 사원 사이에 묘한 긴장감이 흘렀다. 잠깐이라도 자리를 비웠다 들어가면 화마가 휩쓸고 간 듯 사무실 분위기가 잿빛으로 변해 있었다. 분위기 좀 띄워볼까 하고 시답잖은 농담을 던지면 예의상이라도 짧게 받아쳐주던 신 사원도 파티션 안에서 고개조차 들지 않았다. 혼자 말하고 혼자 웃기를 여러 번, 인터넷에 떠도는 일명 '부장님 개그' 소스가 다 떨어져 갈 무렵이었다. 화장실을 들렀다 사무실에 들어가려는데 권 차장의 목소리가 들렸다.

"야, 너 아주 건방져, 엉?"

순간 나는 발걸음을 멈췄다. 평소 입안의 혀처럼 굴던 권 차장의 말투와는 달랐다. 매우 고압적이었고 공격적이었다. 누구한테 저러는 것일까, 표 사원? 신 사원?

"내가 이래서 비공채 출신들을 안 믿는다니까. 하라면 하는 거고 까라면 까는 거지. 뭔 말이 많아. 회사생활 오래 하고 싶으면 까불지 말고 시키는 대로 해."

비공채라면 딱 한 명, 표 사원을 겨냥한 말이다. 아무리 후배라지만 저렇게까지 비아냥거리다니, 무슨 큰 실수를 했기에 표 사원은 아무 말도 못하고 있는 것인가 싶었다. 까라면 까라니 그건 내 팀에서, 소분팀에서 용납 안 되는 말이지. 일부러 헛기침을 내며 사무실로 들어갔다. 가면서 권 차장 쪽을 보니 뒤통수에 '열 받음'이 읽힌다.

표 사원은? 나 같았으면 모욕감을 견디지 못해 뛰쳐나갔을 텐데 아니면 MZ세대니 '말씀이 좀 심하시네요' 하면서 버럭했을 법한데 그녀는 가만히 있을 뿐이다. 내가 아는 표 사원은 늘 바른 소리에 꼿꼿하던 사람이다. 그런데 왜?

말을 받아야 할 표 사원이 파티션 안으로 얼굴을 묻자 권 차장의 말만 고요한 사무실 허공에 맴돌았다. 누구라도 나에게 와 설명을 해주길 바랐지만 아무도 움직이지 않았다.

그날은 그렇게 지나갔다. 물을 수 있었지만 묻지 않았다. 아니 사실 물을 수도 없었다. 화장실에 갈 여유도 없을 만큼 업무가 밀려왔다. 외부 협력 업체의 전화, 사내의 업무 협조 요청 메시지, 실장의 호출 외에도 보고서 업무까지 일이 동시다발적으로 터졌다. 일하는 중간중간 권 차장과 표 사원의 문제가 떠올랐지만 애써 무시했다. 성격 좋기로 유명한 권 차장이니 알아서 잘 해결하겠지. 둘 사이 문제인데 내가 괜히 끼는 것은 맞지 않아. 개인주의 성향이 강한 표 사원이니 권 차장하고 한 번은 부딪힐 수 있어. 떠오르는 생각 모두, 나에게 신경을 끄라고 하고 있었다.

"팀장님, 표 사원이 지금 몇 시간째 연락이 되지 않는데요."

권 차장이 짜증 난다는 투로 나에게 알려온 날, 나는 적잖이 놀랐다. 올 것이 왔다는 생각이 들었다.

"그게 무슨?"

"아, 모르겠어요. 표 사원 근무 태도에 문제가 많습니다, 팀장님."

"뭐 때문에 연락이 안 되는지는 모르고요?"

"아까 누구한테서 전화를 받는 거 같더니 얼굴이 창백해져서 밖으로 뛰쳐나가긴 했거든요. 그러고는 전화도 안 받고 카톡도 안 보고 그러네요."

"아, 난 또. 무슨 일이 있나 보네요. 그냥 나간 게 아니라."

"무슨 일이긴요. 하나를 보면 열을 안다고, 점심 때 뭐 하나 봤더니 무슨 테라피? 그런 걸 공부하더라고요. 그래서 제가 물었죠. 너 자격증 준비하냐 그랬더니 대답을 안 해요. 그래서 이직하려고 하냐 그랬더니 그건 아니래요. 그래서 왜 돈도 안 되는 그딴 걸 하려고 하냐 하면서 선배로서 충고 좀 했거든요. 그랬더니 인상을 팍 찌푸리는 거예요. 그때부터 뭐가 불만인지 일도 대충, 시키는 것도 대충."

"잘 알았어요. 표 사원 오면 내가 한 번 물어볼게요."

"팀장님, 표 사원 계약직 출신인 거 아시죠? 사람 안 바뀌거든요. 제가 영업팀에서 계약직들 겪어봤는데 뒤통수치고 어휴 말도 마세요."

"알겠어요."

테라피? 표 사원은 아로마 오일을 좋아한다고 했다. 표 사원이 황급히 덮어버리던 책은 그렇다면 아로마 테라피스트가 되기 위한 책이었을 것이다. 근데 그게 뭐.

나는 팀원들에게 기회가 되면 늘 말해왔다. "나는 너희들의 꿈과 미래를 응원한다." 더군다나 자격증을 공부하는 것이라면 나에게 숨길 이유가 없다. 일에 방해가 되지 않는 것이라면 그녀를 격려해줄 마음도 있다. 그녀의 이야기가 듣고 싶었다. 사람들이 표 사원을 말할 때마다 디폴트처럼 따라붙는 '계약직'이란 단어를 떼고 생각하고 싶었다. 그런데 퇴근 시간이 다 되도록 그녀는 나타나지 않았다.

"팀장님, 오늘 저녁에 독립영화제 스텝 모임…."

신 사원이 조심스럽게 다가와 물었다. 며칠 전부터 꼭 가야 한다며 절대 야근을 시키지 말아달라던 신 사원의 일정이었다. 나는 흔쾌히 고개를 끄덕였다. 권 차장은 어디에 있나 살피려는 찰나였다. 권 차장에게 전화가 왔다.

"팀장님, 저 지금 업체 미팅 중인데 여기 대표님이 같이 식사를 하자고 해서요. 먹고 바로 퇴근해도 되겠습니까?"

"그럼 되지. 권 차장님 늦게까지 고생 많아요."

스피커에서 퇴근시간을 알리는 음악이 흘러나왔다. 이제 조금 있으면 회사 내 모든 불빛이 꺼질 것이다. 나는 자리에 놓인 스탠드에 불을 켰다. 하나둘 다른 팀원들도 퇴근 준비를 서둘렀다.

표 사원의 자리로 갔다. 그녀의 옷가지와 가방이 널브러진 채 의자 위에 놓여 있다. 짐도 챙기지 못하고 급하게 나간 흔적이다. 펼쳐진 수첩에는 해야 할 일들이 빼곡히 적혀 있다. 내가 준 수첩이다. 이메일 보내기, 참조 확인, 보낸 메일함에서 한 번 더 확인. 표 사원의 예의 바른 글씨체가 빼곡했다. '실수하지 말 것!!'이라는 빨간색 글자가 틈틈이 적혀 있다. 몇 번을 겹쳐 썼는지 그 부분만 종이가 너덜너덜하다. 지시한 사항을 충실히 해나가는 표 사원의 모습이 그려졌다. 괜스레 마음 한쪽이 시려왔다. 내가 팀원의 사정을 모르는 척

하는 사이 팀원은 팀장인 나의 말을 지켜왔다는 것이 미안했다. 그때였다.

"팀장님 죄송합니다."

표 사원이었다. 나는 화들짝 놀라 그녀의 얼굴을 바라봤다. 눈가와 얼굴 전체에 눈물인지 물인지 모를 자국들이 번져 있었다.

"무슨 일이에요?"

"팀장님… 제가… 제가요…."

"어?"

"아, 아니에요. 아니에요."

그녀가 갑자기 주저앉아 울기 시작했다. 물을 가득 담은 댐의 둑이 무너지듯 그녀는 그렇게 오랜 시간 눈물을 흘렸다. 나는 영문도 모른 채 그녀 옆에 쪼그리고 앉아 어깨를 두드렸다. 묻고 싶지도 않았지만 물을 이유도 없었다. 혼자서 견디기 힘든 일을 겪고 있는 표 사원을 채근할 필요가 없었다.

한참을 주저앉아 울던 표 사원이 집에 가겠다고 하는 것을 기어이 붙잡았다. 미안한 마음 반, 궁금한 마음 반, 약간의 연민 같은 것이 용기가 됐다.

간판도 없는 낡은 죽집에 손님이라고는 나와 표 사원 둘뿐이었다. 표 사원은 통통 부운 얼굴로 연신 훌쩍였다.

"여기 호박죽이랑 단팥죽이 맛있어요. 나는 기분이 안 좋거나 소화가 안 되거나 할 때 여기 자주 오거든요. 처음엔 지저분하고 낡아서 좀 꺼렸는데 오면 올수록 좋더라고. 주인 할머니가 좋으셔. 나 여기 앉아서 몇 번 운 적 있어요. 효자… 아니 나 팀장이 내 첫 사수였을 때 너무 힘들었거든요. 근데 할머니가 아무것도 묻지 않고 죽 한 그릇 내주시는데 그게 그렇게 맛있을 수가 없었어요."

표 사원은 앞에 놓인 단팥죽을 다 비울 때까지 아무 말도 하지 않았다. 나도 입을 열지 않았다. 그저 따뜻하고 달콤한 단팥이 그녀의 서러운 속을 위로해주기만을 바랐다.

"한 그릇 더 먹을텨?"

할머니가 다가와 물었다. 표 사원은 할머니를 물끄러미 보더니 고개를 세차게 끄덕였다. 그새 또 표 사원의 눈에 눈물이 차올랐다. 그리고 그 눈물을 쏟아내듯 그녀는 말하기 시작했다. 그간 누구에게도 하지 않던 표 사원의 이야기였다.

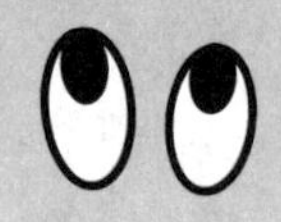

팀 빌딩의 법칙

1

"할머니가 계단에서 넘어지셨다고 연락이 왔어요."

표 사원이 말했다.

"정신없이 뛰어갔어요. 근데 다행히 이마 찢어진 거 말고는 다친 곳이 없으셨어요. 피가 많이 난다는 전화에 얼마나 놀랐던지. 나중에 보니까 제가 회사 슬리퍼를 그대로 신고 갔더라고요. 죄송해요. 할머니가 제 전부거든요. 그래서 연락도 못했어요. 죄송합니다."

"아, 아니야. 천만다행이다. 어르신들 낙상사고 나면 큰일이거든. 천만다행이야, 정말."

"저는 순간 할머니가 어떻게 되는 줄 알고 너무 놀라서…. 가서 막 울었어요. 제발 집에 가만히 좀 있어라. 왜 그렇게 돌아다니냐. 그랬더니 뭐라는 줄 아세요. 아프다고, 춥다고 집에만 있으면 그렇게 죽는대요. 배는 항구에 있으면 가장 안전하지만 결국 아무 데도 못 가보고 녹슬어버리는 거라면서요. 움직이다가, 일하다가 가고 싶으시대요. 전 진짜 하루하루 너무 피곤해서 퇴사를 할까, 죽고 싶다 몇 번을 생각하는데 할머니는 건강하지도 않으면서 일하고 싶다니 정말 이상해요."

퇴사? 죽고 싶다고? 표 사원이 그렇게 힘들었던가. 나는 그녀가 쏟아내는 눈물에 풍덩 빠지는 기분이었다. 표 사원이 저렇게 괴로워하는 것은 순전히 내 탓이다. 뚱하고 말 없는 표 사원보다 싹싹하고 눈치 빠른 신 사원이 좋아서 권 차장 밑으로 밀어 넣은 것이 바로 나, 진서연이니까. 업무 배분의 목적은 단 하나였다. '나 좀 편해지자.' 나의 이기심에 팀 전체가 불편해진 것이었다. 물속에서 죄책감이라는 귀신이 거세게 발을 끌어당기는 것 같았다.

"예전에 무슨 책을 보냐고 하셨죠."

"어… 나 그거 되게 궁금했어요."

권 차장을 통해 알고 있었지만 모르는 척했다. 그녀가 자기 이야기를 좀 더 해주길 바랐다.

"저… 아로마 오일 공방을 차리는 게 꿈이거든요. 회사에서 번 돈 차곡차곡 모아서 나중에는 유학도 가고 싶어요. ARC라는 미국 국제 자격증이 목표인데… 그래서…."

"그렇구나. 난 또 우리 표 사원 공부해서 이직하려나 싶어서 덜컥했지 뭐야. 하하하하."

"이직이요? 누가 절 받아주겠어요. 계약직 출신에, 지금 이대로면 평판 조사에서부터 탈락일 텐데요."

"에이, 표 사원 일 잘하는 건 다 아는데요, 뭘. 저번에도 내가 표 사원 문서 작성 능력도 좋고, 엑셀도 잘한다고…."

"저 다 알아요. 예전부터 저에 대한 이상한 소문이 돈다는 것도 알고요."

"아… 그거."

"팀장님도 들으신 적 있죠?"

"어… 네."

소문이라면 옛날 그 팀장과 그렇고 그런 사이였다는 말일 것이다.

"진짜 왜 그런 건지 말씀드려요?"

"응?… 응… 아, 말하기 싫으면 안 해도 되고요."

왜 이렇게 당당하니, 무섭게. 그래, 나 유부남 사랑했다, 사랑이 죄냐 하는 거 아니야, 이거.

"그 팀장님하고는 같은 카페 회원이었어요. 나중에 안 사실이지만요. 〈아름다운 동행〉이라는 카페. 아세요, 팀장님?"

"어디서 들어본 거 같긴 한데… 잘 모르겠네요."

"모르시는 게 좋아요. 행운인 거예요. 거긴 암 환자나 암 환자를 둔 가족이 모인 카페거든요."

"아…."

"저희 할머니는 암 환자세요. 그걸 알고 나서 저는 매일 할머니를 잃을까 조마조마하고 불안해요. 그날은 주말이었는데 할머니가 연락이 안 되는 거예요. 하루 종일 울면서 거리를 헤맸어요. 그런데 하필이면 그날 제 업무에 문제가 생긴 거예요. 새벽에야 할머니가 들어왔어요. 놀다 오셨대요. 그때서야 정신을 차리고 출근했더니 팀장님께서 불같이 화를 내셨어요. 팀장님께 제 사정을 말씀드렸어요. 그랬더니 우시는 거예요. 얼마나 힘들었냐고요. 한참을 그렇게 우시다가 그러셨어요. 그 팀장님 딸이 저희 할머니와 같은 암을 앓고 있다고 하셨어요. 투병한 지 오래됐는데 생각보다 빨리 전이가 되고 있다고 하셨어요."

"아, 그런 일이."

"근데 팀장님이 그러셨어요. 자기 말고는 아무한테도 할머니 애기를 하지 말라고요. 너무 괴롭고 힘들어서 당시 직속 상사한테 딸아이 문제를 슬쩍 말했었대요. 말하면 사정도 봐주고, 이해도 해줄 것 같아서요. 그랬더니 며칠 만에 회사 안에 소문이 다 퍼지더라는 거예요. 그리고 어느 순간부터 사람들의 눈빛이 변하더래요. 능력 있고, 성과 잘 내는 팀장에서 불쌍한 애 아빠로 변해 있었다는 거죠. 불필요한 배려가 시작됐고, 하고 싶었던 프로젝트에서까지 배제됐대요."

"아… 그럴 수 있겠어요. 사람들의 마음도 이해가 가고, 팀장님 마음도 이해가 가네요."

"그때 팀장님이 그러셨어요. 회사는 이해해주고 격려해주는 곳이 아니라고요. 회사의 동료들도 어쩌다 모인 타인일 뿐이지 자기 과거나 현재, 미래를 나눌 사람들은 아니라고요. 특히 자기 치부는 결국 자기에게 칼이 되어 돌아온다고, 남들한테 무기가 된다고요."

나는 할 말을 잃어버렸다. 그녀가 나에게 그토록 차가웠던 이유를, 다른 직장 동료들에게 선을 그었던 이유를 이제야 알게 됐다. 내가 조금 더 눈치가 빨랐더라면 아니 표 사원에 대한 선입견을 갖지 않았더라면 그녀에게 다가갈 수 있었을까. 그녀에게 회사란 곳이 사실은 그런 곳만은 아니라고, 나라도 너에게 그저 먼 타인이 아닌 가까운 지인이 되어줄 수 있다고 말해줄 수 있었을까.

"그런 일이 있었군요. 정말 힘들었겠어요."

"전 이제 괜찮아요. 할머니는 완치되셨고, 저도 이렇게 잘 살고 있으니까."

"그 팀장하고는 연락해요?"

"네, 가끔요. 아, 퇴근하면 종종 가는 공방이 있는데 거기서 카페 소모임을 종종 하거든요. 거기서 몇 번 봤어요. 팀장님 따님은 안… 아니 못 오는데… 팀장님은 오세요. 그 마음이 어떨지 짐작도 안 되지만요. 얼마나 슬프고 암담하고 외로울지, 전 오늘같이 할머니 이마에 상처만 나도 죽을 거 같은데…."

분위기를 바꾸고 싶었다. 죽음과 병, 고통과 아픔이란 단어는 가급적이면 살면서 마주하고 싶지 않은 것이었다. 표 사원도 같은 마음이었는지 얼른 눈물을 닦고 희미하게 웃는다.

"오늘 할머니가 절 보자마자 뭐라고 하신 줄 알아요? 제발 제 인생을 살래요. 할미 안 죽으니까 그렇게 돈 받으러 오는 빚쟁이마냥 쫓아오지 말고, 좋아하는 거 하고, 하고 싶은 거 하래요. 언젠가 당신은 먼저 갈 텐데 그렇게 혼자 바로 서지 못해서 어떻게 살아갈 거냐고. 그래서 얘기했어요. 저 요즘 회사에서 열심히 일한다고. 얼마 전에는 팀장님한테 칭찬도 받았다고. 공방에도 열심히 다닌다고 했어요."

"잘했네."

"옛날에는 세상에서 저만 제일 불행한 거 같았거든요. 이제는 할머니와 저를 일부러 떼어놓으려고 해요. 할머니는 할머니, 나는 나. 이렇게 머릿속에 줄을 그어서 분리시켜요. 오늘은 실패했지만요."

"어, 나도 비슷한 걸 해요. 회사에서의 진서연과 그냥 나 진서연을 구분하려고 하거든요. 퇴근하면 머릿속의 스위치를 탁 끄는 거죠. 근데 참 그게 말처럼 쉽지 않아요. 거의 매일 회사 일을 집까지 끌어와서 끙끙 앓기도 하고, 했던 말을 곱씹으며 이불킥하고."

"맞아요, 저도 그러긴 해요."

표 사원이 킬킬거리며 웃었다. 나도 같이 따라 웃었다.

2

나는 미안함에 표 사원에게 손을 내밀기로 했다.

그날의 서 팀장처럼 그녀에게 든든한 방패막이 되어주고 싶었다. 그녀의 비밀을 알아서가 아니었다. 나의 말을 칭찬으로 기억해준 그녀가, 열심히 일하고 있다고 스스로를 격려하는 그녀가 기특해서였다.

“화장실 갔다가 들어가는 길에 들었어요. 권 차장이 표 사원에게 뭐라고 하던데. 혹시 무슨 일 있어요? 권 차장이 막말을 한다거나 괴롭힌다거나….”

그러자 표 사원이 세차게 고개를 저었다.

“아시겠지만 제가 계약직이었잖아요. 그래서 선배들이 절 마음에 안 들어 하시는 거, 당연하다고 생각해요.”

“에엥? 당연한 게 어디 있어요. 계약직이면 뭐. 내가 볼 때 표 사원 다른 공채 출신과 비교해서 떨어지는 거 아무것도 없어요. 오히려 훌륭하면 훌륭하지. 난 표 사원 데리고 있으면서 한 번도 계약직이란 거 생각해본 적 없는데?”

“…”

“혹시 업무 분장하면서 권 차장과 표 사원을 따로 묶은 거에 대해 불만은 없어요? 난 팀원들이 각자의 능력을 발휘할 수 있도록 팀 전체의 관점에서 업무를 분배한 거였는데, 표 사원한테 일이 많이 몰리는 거 같고 버거워하는 것처럼 보여서요.”

팀 전체의 관점? 아니다. 거짓말이다. 그냥 내 관점이었다.

“저 진짜 솔직하게 말해도 돼요?”

"네, 솔직하게 말해줘요."

"저 그냥 예전처럼 팀장님 서포트하면 안 될까요? 저… 솔직히 권 차장님 스타일이 저랑 맞지 않는 거 같아서요."

상사와 내가 스타일이 맞지 않는다라. MZ다운 평가다.

"스타일이 어떤데요?"

"마초 같다고 해야 하나. 배우고 싶어서 여쭤보면, 알아서 하래요. 잘 모르겠다고 가르쳐달라고 했더니 뭐 그런 거까지 물어보냐고 벌컥 짜증을 내시더라고요."

"그런 거라면 스타일의 문제는 아닌 거 같아요. 혹시 찾아보지 않고 소소한 것까지 물어봤어요? 가령 인터넷에 쳐보면 금방 나올 걸 물어봤다던지…. 그럼 그럴 수 있거든요."

내가 그랬다. 궁금한 것이 있으면 언제든 물어보라고 해놓고 막상 후배가 A부터 Z까지 사소한 것을 물으니 슬그머니 화가 났다. 더군다나 정신없이 바쁜데 질문 폭탄이 떨어지면 하던 업무의 맥이 딱 끊긴다. 그럴 땐 성인군자도 분명 뒷목을 잡았을 것이다.

"흠… 아뇨. 그런 걸 질문하진 않았어요. 제가 알아서 다 했거든요. 자체 판단해서. 불안했지만 물어볼 데가 없으니 어쩔 수가 없잖아요. 그럼 또 왜 혼자서 멋대로 했냐고 뭐라 하세요."

"문제가 많네요."

"그리고 까라면 까라는 말도 역시 이해가 안 돼요."

"그 말은 저도 이해 못하죠. 여기가 군대야 뭐야. 까긴 뭘 까. 민증 까?! 아, 민증 까면 불리하겠네요. 나보다 연장자시니. 사회에 나가면 오…빠겠네."

"오빠요? 어유, 팀장님 징그러워요."

"푸하하하."

눈물자국이 잔뜩 묻은 표 사원이 어렵게 웃었다. 그 웃음을 잃게 하고 싶지 않았다.

"내가 방법을 좀 찾아볼게요."

"팀장님 제가 혹시나 해서 드리는 말씀인데 권 차장님께 제가 불편해하더라, TF 업무 하기 싫다더라 그런 말씀하시는 건 아니죠?"

"어머, 내가 그렇게 눈치가 없겠어요. 아니에요."

"휴, 차장님은 단박에 알아채실 거 같아서요."

"그럴 수 있죠. 고민을 해봐야겠네요."

표 사원 말대로 사회생활 백단인 권 차장이다. 갑자기 업무를 재분배한다면 눈치 못 챌 권 차장이 아니다. 그럴듯한 논리와 근거를 찾고 상황을 만들어야 했다.

집으로 돌아오니 두통이 또 왔다. 세 알 째 타이레놀을 입에 넣었다. 그래도 두통은 쉬이 가라앉지 않았다. 전기담요를 켜고 일찍 침대에 누웠다. 잠은 오지 않았다. 신입 때 겪었던 불면의 밤이 또 시작된 듯했다.

유튜브를 켰다. 예전에는 잠이 오지 않으면 멜라토닌이나 수면 유도제를 처방받아 먹곤 했지만, 두통약 외의 약은 줄이려 하는 중이었다. 어떻게 해서든 타이레놀의 기운으로 잠을 청해보려 애를 썼다. 잠이 안 올 때 듣는 음악, 졸리게 해주는 ASMR, 좋은 꿈을 위한 명상 등 '불면'이라는 키워드 하나로 많은 영상이 검색됐다.

나는 그중 하나를 틀고 눈을 감았다. 핸드폰에서 졸졸 흐르는 물소리가 나왔다. 귀뚜라미 울음소리도 나왔고, 절의 처마 밑 풍경 소리도 나왔다. 그 소리에 양을 세고 별을 세고 달을 세다 결국 아침을 맞았다.

3

출근길, 권 차장에게 보낼 카톡을 적기 시작했다.

전송 버튼은 누르지 않았다. 8시 50분쯤이 되면 보낼 생각이다. 너무 이른 시간 상사의 카톡은 내가 가장 싫어하는 업무 지시 방법이었다. 49분이 되었을 때 보내려는 내용을 다시 읽어봤다. 어제 표 사원은 무사히 복귀했고, 그럴 만한 사정이 있었으며, 내가 다 들었으니 혼내지 마라는 메시지였다. 전송을 누르자마자 1이 바로 지워졌다. 대답도 속전속결.

'네.'

짧지만 감정이 실려 있었다. 어디에? 싶겠지만 직장인이라면 공감할 것이다. '네'라는 대답은 '네~'라고 물결을 붙이거나 '넹' 하고 애교를 섞거나 '네넵' 하고 수긍의 느낌을 주는 등의 변주가 가능하다. 그런데 권 차장은 곧잘 쓰던 '넵!'을 보내지 않았다. 기분이 나쁜 티를 내는 것이다. 나는 그의 대답 뉘앙스에 또 두통의 전조증상을 느꼈다. 상사도 아니고 후배잖아. 사무실 올라가는 엘리베이터 안에서 나는 스스로에게 최면을 걸었다. 무시해, 무시하라고. 그렇게 사소한 것에 스트레스 받으면서 어떻게 팀장을 하려고 해.

사무실에는 표 사원과 신 사원, 권 차장이 모두 와 있었다. 나는 가방을 내려놓자마자 권 차장에게 회의실에서 보자고 톡을 보냈다. 권 차장은 톡으로 대답하지 않았다.

"가시죠, 팀장님."

일부러 일어나 소리를 내 대답한다. 불쾌감을 드러내고 있는 것이다. 그러면서 성큼 회의실로 걸어가버렸다. 표 사원이 걱정스러운 눈으로 나를 쳐다봤다. 나는 그녀에게 괜찮다고 눈인사를 했다. 하지만 속으로는 쉽지 않을 것 같다고 생각했다.

텅 빈 회의실에 그와 마주 앉았다. 나는 일부러 다른 이야기부터 꺼냈다.

"어제 회식은 잘했어요, 권 차장?"

"예. 뭐 그 바닥 사람들 수준이 그렇잖아요. 깡소주를 얼마나 마시던지, 따라 마시다가 위에 구멍 날 뻔했어요."

"아이고, 조금만 마시지 그랬어요. 몸 상했겠어요."

"현장이 그렇죠, 뭐. 못 배운 사람들이 몸 갈아서 일하는 건데, 술이 그들한테는 보약이거든요. 장단 맞춰줘야죠."

"권 차장은 술이 센가 봐요. 난 술이 약해서…."

"그래서 이런 일은 남자가 잘하는 거죠, 뭐."

'수준', '못 배운'. 권 차장의 말에는 타인보다 우월하다는 선민의식이 깔려 있었다. 여자 팀장은 남자 팀장보다 아래라는 것도 온몸으로 표현하고 있었다. 발끈할 필요는 없었다. 지금 아쉬운 것은 내 쪽이다.

"대단해요. 나라면 그렇게 못했을 거 같아요."

"하하, 아닙니다."

"권 차장한테 좀 상의할 게 있어서 보자고 했어요. 음… 표 사원하고 일하는 거 어때요? 요즘 권 차장이 야근과 외근이 잦은 거 같아서요."

"아, 죽겠어요. 사실 표 사원하고 일하는 거 괜찮을 줄 알았는데요, 하아 답답해요. 사실 제가 남녀 차별주의자는 아닌데, 좀 뭐랄까, 유도리가 없달까. 여자라면 싹싹하고 그런 맛이 있어야 하는데 그런 것도 없고요. 뭐만 시키면 표정부터 어두워져요. 어젠 또 뭔 일이었대요? 걔가 그렇더라고요. 뭘 물어보면 말도 안 하고, 그냥 죄송하대요."

한 번 더 참겠습니다. 아멘, 나무아미타불.

"가족이 좀 다친 거 같아요. 권 차장이었어도 나였어도 충분히 그랬을 수 있는 상황이었고."

"아, 그런가요? 아무리 그래도 저라면 그렇게 뛰쳐나가지는 않을텐데. 여기가 뭐 학교인가요. 놀러 나온 곳인가요. 사정이 있고 상황이 있어도 그렇게 하면 안 되죠. 게다가 말단이잖아요. 주제를 모르고…."

"그럼 신 사원하고 일해볼래요? 내가 데리고 있어보니까 신 사원 일 잘하던데."

"아, 좋죠. 사실 남직원이 편해요. 맞다. 팀장님 페미니스트 뭐 그런 건 아니시죠? 전 뭐 남녀 동등하게 대우해라, 그런 거 다 좋은데 그래도 남자와 여자는 근본적으로 다르잖아요.

남자는요, 군대를 갔다 와서 그런지 상명하복에 철저해서 일 시키기도 편해요. 같이 외근하기도 좋고요."

올라갔던 입꼬리가 점점 내려가고 표정은 굳어진다. 오, 하늘이시여. 저에게 연기의 신을 내려주세요.

"그럼요, 남자와 여자는 엄연히 다르죠. 그럼 내가 신 사원하고 표 사원에게 얘기할게요. 신 사원 데리고 일해봐요."

"넵, 감사합니다!! 팀장님!!"

여기까지 잘 참은 날 칭찬한다. 감사하다는 인사는 내가 먼저 하고 싶네 이 사람아. 나는 그가 회의실에서 나가자마자 안도의 숨을 크게 내쉬었다. 권 차장의 말을 듣자 하니 그 밑에서 속 썩었을 표 사원의 마음이 짐작됐다.

사람을 상대할 때 편을 가르고 자신의 발밑에 혹은 적으로 두는 권 차장의 태도는 갈등만 일으킬 뿐이다. 밑에 깔려 허우적대고 있는 표 사원을 꺼내야 했다.

회사란 마음에 들지 않는 사람, 맞지 않는 사람하고도 일하는 곳이라지만 관리자급이 되면 이야기는 달라진다. 직급이 높아지고 권력이 생기면, 싫은 사람은 피하고 맞지 않는 사람하고는 선을 긋는 것이 어느 정도는 가능해진다. 팀장이란 장(長)의 힘을 쓸 때가 바로 이런 때리라. 단, 권력은 방심을, 방심은 오만을, 오만은 파국을 부르니 조심 또 조심해야 했다.

다음은 신 사원 차례. 어쩌다 보니 희생양이 된 팀원이다. 그에게 카톡을 보냈다.

'회의실로 좀 와볼래요.'

TF팀에 투입되어 권 차장 밑에서 일하는 것이 어떻겠냐고 물었다. 그러면서 준비해온 말을 술술 풀어냈다. 현재 대표님의 기대가 큰데 TF팀의 성과가 지지부진해서 걱정이다, 신 사원의 톡톡 튀는 아이디어가 TF팀에 도움이 될 것 같다. 어느 정도는 사실, 또 어느 정도는 과장이다.

순수하고 열정 넘치는 우리의 신 사원. 그는 내 말에 고개를 끄덕인다.

"팀장님이 하라면 해야죠."

'까라면 까겠다'는 식이다. 신 사원, 오해하지 마. 난 명령을 한 게 아니에요.

"싫으면 싫다고 해도 돼요. 강요 아니야."

"아닙니다. 해보겠습니다."

"혹시 무슨 일이 생기거나 힘들면 혼자 속 끓이지 말고 꼭 말하고요."

"에이, 팀장님. 저 그런 스타일 아닌 거 아시면서. 걱정 마십쇼."

성격 좋은 신 사원. 표 사원에게는 카톡으로 슬쩍 알려줬다.

'이제부터 나랑 일하는 걸로 결정. 대신 저번처럼 실수하면 안 돼요!ㅋㅋㅋ'

그녀에게서 활짝 웃는 이모티콘이 왔다.

좋은 사람이
좋은 팀장은 아니다

1

"신 사원, 밥 먹으러 안 가요?"

"예? 아… 2시까지 써야 할 보고서가 있어서요."

"어제도 밥 못 먹고 일하는 거 같던데, 맞죠."

"예…."

"권 차장은 어디 있어요?"

"오늘 전략팀장님하고 선약 있다셔서…."

"어제도 밥 약속 있다고 11시엔가 나가지 않았어요?"

"…"

잘 가고 있다고 생각했다. 표 사원은 열심히 따라와줬고

TF팀도 열심히 제 할 일을 하는 듯해 보였다. 문제는 '듯'해 보였다는 데 있다. 두 바퀴가 열심히 굴러가는 줄 알았더니 한 바퀴만 애를 쓰고 있다. 그러니 차는 가지 못하고 기울어져 헛바퀴만 도는 중이다.

신 사원의 눈가에 다크서클이 짙게 드리웠다. 벌써 이틀째, 신 사원은 점심을 거르고 업무에 허덕이고 있다. 표 사원이 겪었던 문제가 그대로 반복되고 있었다. 그렇다면 원인은 하나였다. 여기서 제대로 바로잡지 않으면 차는 공회전만 계속하다 폐차 수준으로 망가질 것이다.

"하던 거 멈추고, 나랑 얘기 좀 해요."

나는 점심 운동을 포기하고 신 사원을 불러다 물었다. 신 사원은 이때다 싶을 정도로 속사포처럼 쏟아냈다. 표 사원처럼 주저하거나 망설이지 않았다.

신 사원이 털어놓은 권 차장의 이야기는 생각보다 심각했다. 권 차장은 전화하기, 사람 만나기, 일정 조율하기 외에 문서 작성과 같은 업무에는 일절 손도 대지 않는다고 했다. 놀라운 사실은 더 있었다. 지금까지 보고된 TF팀의 아이디어는 모두 표 사원, 신 사원의 아이디어였단다.

"신 사원이나 표 사원이 아이디어를 내도 보고자는 권 차장이니까 잘못했다고는 볼 수 없을 거 같긴 하거든요. 나도 실장한테 보고할 때 이건 누가 작업했고, 누구 아이디어라고 밝히진 않으니까.”

“아뇨, 팀장님. 생각 안 나세요? 팀장님이 저번에 아이디어 좋다고 칭찬하셨을 때 권 차장님이 뭐라고 하셨는지? 하하 감사합니다. 제가 좀 하하하. 하면서 자기가 한 것처럼 얘기 했잖아요.”

“그렇네….”

“팀장님 휴가 가셨을 때 소비자리포트 안에 들어가는 표와 그래프, 이미지 작업도 표 사원이 한 거예요. 그때도 모르셨죠?”

“정말? 하아… 몰랐어요.”

“심지어 그때 표 사원이 이거 팀장님한테 허락받아야 하는 거 아니냐고 물었거든요. 그랬더니 권 차장님이 실장이 시킨 거라면서, 팀장이 위냐 실장이 위냐면서 막 뭐라 하시더라고요. 결국 팀장님 패싱해서 문제 생겼었잖아요.”

첩첩산중, 갈수록 태산, 까면 깔수록 충격이다.

“전요, 팀장님. 일 많은 거 상관없거든요. 야근하는 거 외근하는 거 진짜 아무렇지 않아요. 근데요, 열심히 일한 걸 차장님이 다 본인의 공으로 돌리시니까 그게 좀… 화가 나요.”

“몰랐네요, 그런 일이 있었는지는. 혹시 신입 교육은 어떻게 돼가고 있어요?"

"그거요? 한 번 했나. 그때도 과장 때 자기가 뭐 했는지, 대표랑 어디서 따로 밥을 먹었는지 같은 시답잖은 얘기 듣느라 교육도 못 받았어요."

"난 표 사원이나 신 사원 문서 작성 능력이 많이 늘어서 교육 계속하는 줄 알았죠."

"그거요? 그거 왜 그렇게 된 줄 아세요? 어차피 물어봤자 가르쳐주지 않으니까요. 저희요, 팀장님이 만들어주신 틀로 맨날 연습했어요. 둘이 서로 크로스 체크하면서 유튜브 보고 공부도 하고요. 그러니까 늘긴 늘더라고요."

"아, 진짜? 정말… 몰랐네요 난."

권 차장이 표 사원에게 화를 낼 때는 선후배 사이의 문제, 둘의 문제라고만 생각했다.

조직에서의 위계(位階)는 지켜져야 했으니 팀장인 내가 끼어드는 것은 간섭이자 오지랖이라 자신했다. 권 차장은 자신의 방식이 있을 테고, 그 스타일대로 자기 밑의 후배들을 가르치고 끌어왔을 테니까. 하지만 이제는 아니었다. 그는 위계가 아닌 위력을 부렸다. 오만한 권력에는 복종할 이유가 없었다. 오히려 제지되어야 마땅했다.

TF 업무를 권 차장에게 일임한 것은 맞다. 하지만 이를 통

솔하고 이끌어가는 것은 나여야 했다. 팀원들 사이에서 충돌이 발생되면 중재해야 하는 것이 나의 역할이다.

나는 갈등이 싫었다. 그렇다고 있는 갈등을 회피할 수는 없었다. TF 업무가 종료될 때까지는 얼굴을 마주해야 하는 동료들이다. 대뜸 권 차장에게 얼굴을 붉힐 수 없는 이유가 여기에 있다.

'오후 3시에 회의합니다. TF팀 진행 사항 체크하고 몇 가지 전달 사항도 있고요.'

단톡방에 공지를 올렸다.

권 차장은 술을 마셨는지 얼굴이 벌겋게 달아올라 있었다. 술 냄새가 사무실 가득히 퍼져나갔다. 표 사원이 창문을 열며 불쾌한 티를 냈다. 나는 차마 못하는 일이다. 선후배들끼리 어울리다 반주를 하던 선배들을 보고 배운 탓이다. 가끔 술도 할 수 있지. 그렇게 생각했다.

2

회의실에 권 차장이 가장 늦게 들어왔다.

세수를 했는지 머리카락에 물이 묻어 있었다. 그래도 회의

한다고 정신을 차리려 했다는 것이 변화의 여지를 보여주는 것 같아 다행스러웠다. 나는 바로 본론으로 들어갔다.

"권 차장님, 요즘 TF팀 업무 진행 상황이 어떤가요."

"예, 팀장님. 저희는 지금 현재 팝업스토어 관련 내용을 디벨롭하고 있습니다. 연구팀에 관련 내용을 자문 구했고, DM 제품 전시회를 위해 과거 생산 제품을 모아야 해서 공장 쪽 물품을 확인하고 있습니다."

"아… 아직 결정된 게 아닌데 벌써 진행을 했어요?"

"뭐… 미리 해서 나쁠 건 없지 않습니까."

"확정이 아니에요, 아직 실장님께 보고도 안 드린 상태고요."

"실장님은 아마 오케이하실 겁니다. 제가 실장님을 잘 알거든요."

"흐음…."

"…스톱… 할까요? 이렇게 계속 시간만 끌면 애초 계획에 맞게 오픈하지 못할 수도 있을 텐데."

"알겠어요."

졌다, 졌어. 나는 그와의 충돌이 싫어 한 발짝 물러섰다.

"이번 달 소비자리포트와 각종 트렌드 이슈 건 등 소분팀 업무가 얼추 마무리돼서요. 실장님께 중간 보고하기로 한 날

짜까지 한 열흘 정도 남았거든요. 그래서 이제 저랑 표 사원이 TF 업무에 투입되어 같이 일하려고 합니다. 그러니 권 차장님과 신 사원, 각자 맡은 업무를 자세히 좀 알려주겠어요? 현재 업무들의 컨택포인트, 진행 상황, 앞으로 해야 하는 업무까지 디테일하게 보고해주세요. 그래야 저와 표 사원이 넘겨받을 부분을 결정할 수 있으니까. 신 사원부터."

"네, 첫 번째로 지금 연구팀 박선우 차장님과 팝업스토어에 진행될 물품 확인 및 확보를 체크 중이고요, 두 번째로는 팀장님께서 말씀하신 여론조사 업체 선정 계획서를 작성 중입니다. 세 번째로 업체 공개입찰 공고를 위해 홍보팀 김가영 차장님과 연락 중이고요. 그리고 네 번째로 지난 주 팀장님께서 정확한 소요 예산을 파악하라셔서 재정팀 이진석 차장님과 연락했고, 관련 비슷한 사례를 내일까지 메일로 받기로 했습니다. 그리고 다섯 번째로 물품 선정을 위한 리스트업을 하려고 소비자 대상 FGI* 를 계획해 관련 기획안을 계획 중에 있습니다."

신 사원이 작정한 듯이 넘버링을 해가며 본인이 맡은 업무를 쏟아냈다. 입이 떡하고 벌어질 만한 업무량이었다. 자신

* Focus Group Interview: 표적집단면접법

만만하던 권 차장의 얼굴에 당혹감이 스쳤다.

"권 차장님은요?"

"아… 저는 물품 확보에 가장 중요한 공장장님하고 컨택 중이라…."

"네, 그건 아까 말씀해주셨고. 타 팀과의 업무 협조나, 작성 중인 계획서나."

"아… 저는 신 사원이 작성하면 검토하고 있습니다. 초안 그대로 팀장님께 가져갈 순 없기 때문에요. 보면 오타도 많고 초안 자체가 허접해서 제가 그걸 받아다가 제대로 수정하고 있습니다. 하하."

"음… 그래요. 신 사원의 업무가 지금 많이 몰려 있는 거 같은데 이렇게 하죠. 신 사원의 업무 중에 넘길 수 있는 건 표 사원에게 넘기세요. 그리고 작성된 보고서 검토는 제가 하겠습니다. 그럼 권 차장님의 업무가 줄겠죠? 대신 FGI 기획안을 권 차장님이 처음부터 작성하셔서 저한테 가져오세요."

"FGI 기획안을요?"

"네, 이거 지난 회의 때 권 차장님이 말한 거요."

"아… 그게 신 사원 아이디어여서 제가 잘…."

"그때 본인이 낸 아이디어라고 보고하지 않았어요? 그래서 내가 좋은 생각이라고 했던 기억이 나는데."

"생각해보니 제가 아니라 신 사원의 아이디어네요. 저는 여론조사 관련해서는 아는 게 별로 없어서 기획안을 작성하기가… 하하하."

"아는 게 없다라… 그럼 내가 권 차장님이 참고할 만한 관련 자료를 모아서 줄게요. 그걸 토대로 한 번 작성해보세요."

"네… 기획안이…."

"기획안 한 번도 안 써본 건 아니죠?"

"하하하, 그럼요. 저 8년 차인데요. 언제까지 드리면 될까요?"

"내일 오전까지요. 점심 전까지 주시면 검토할게요."

"…네에…."

권 차장은 한참을 끙끙대더니 아주 조금 키보드를 두드리다 이내 자리에서 일어났다.

"기획안 작성했습니다."

벌써? 싶었다. 받아보니 아니나 다를까다. 그 짧은 시간에 복잡하고 까다로운 FGI 기획안을 작성하기는 불가능했을 것이다. 권 차장이 써 내려간 보고서에는 고민의 흔적이 눈곱만큼도 없었다. 이것이 8년 차 차장의 보고서란 말인가. 지금까지 권 차장이 가져온 보고서는 그의 손으로 전달만 됐을 뿐 신 사원, 표 사원의 결과물이었음을 알았다. 그간 내가 들어온 권 차장의 평판은 뭐였지. 지금까지 일 잘하는 후배들 등에 업혀서 생명을 연장해온 프리라이더(free rider)였던가.

"어… 좀 보고 말해줄게요."

그런 이야기를 들은 적이 있다. 영업팀과 같은 현장형들은 문서 작성 업무에서는 젬병이라고.

〈미생〉이란 드라마도 생각났다. 주인공인 장그래는 사무직, 동기이자 라이벌인 한석율은 현장직이다. 이 둘에게 서로의 물건을 팔라는 미션이 떨어졌는데, 한석율은 현장의 신발을, 장그래는 사무실의 슬리퍼를 파는 장면이 나온다. 장그래는 제품을 만드는 현장만 최고라고 생각하는 한석율에게 사무직의 중요성을 항변하면서 그랬다. 현장직의 노동만큼 사무실에서도 전쟁이 벌어진다고. 문서 한 장에 몇 조 원이 오고 가고, 회사의 미래가 결정된다고.

나는 '현장형' 권 차장에게 '사무형 무기'인 슬리퍼를 팔 수 있을까. 보고서가 왜 중요한지, 왜 지금 당신의 가장 우선순위는 문서 작성이 되어야 하는지 그를 설득하고 이해시킬 수 있을까.

기획안의 기본이라는 것이 있다. 이 사업을 기획하게 된 이유, 이 방식을 택한 이유 그래서 예상되는 예산과 진행 프로세스 등. 왜(why)나 어떻게(how)에 대한 대답은 빠져서는 안 되는 내용이었다.

빨간 펜을 들어 세세한 오타부터 수정해나갔다. 없는 것을 첨가하고, 틀린 것에 표시하다 보니 나중에는 빈 공간이 없었다. 이면지를 가져다가 처음부터 다시 썼다. 30분 가까이 손을 댔지만 아직 지적해야 할 사항이 많이 남았다. 내가 너무 디테일하게 지적하는 것은 아닐까, 신입도 아닌 차장인데. 걱정이 됐다. 이 정도면 알아들었겠지 싶어 다음 장은 그냥 넘어가기로 했다. 이런 식으로 수정하라고 하면 알아듣겠지. 그래도 8년 차인데.

"권 차장, 자리에 좀 와볼래요?"

그에게 시뻘겋게 난장이 된 보고서를 들이대니 어이없는 표정이다. 내가 더 어이가 없다야.

"들어가야 할 내용이 많이 빠져 있고, 음… 오타도 좀 많고 해서요. 우선 지적한 거 먼저 수정하고요, 이런 식으로 다음 장도 수정하면 될 거 같아요. 수정할 게 많긴 한데…."

말끝이 흐려졌다. 잘못은 권 차장이 했는데, 눈치는 내가 보고 있다. 처음에는 그의 성의 없는 보고서에 화가 났다. 하지만 권 차장의 표정을 보는 순간 화는 수그러들고 걱정이 앞섰다. 그의 기분이 신경 쓰였다. 그는 먹잇감을 노리는 육식동물, 나는 살아남기 위해 긴장하는 초식동물이 된 느낌이라고나 할까.

권 차장은 아주 잠깐 보고서를 수정하는 것 같더니 한참 동안 자리에 돌아오지 않았다. 팀원의 근태에 무신경해지고 싶었지만 권 차장의 행동은 그날따라 유난히 눈에 들어왔다.

3

약 한 시간 정도가 지나서야 권 차장이 들어왔다.

좀 편해진 얼굴이다.

권 차장은 수정된 기획안을 퇴근시간에 임박해 가져왔다. 보니 기가 막혔다. 일부러 시간을 끈 게 아닌가 하고 생각될 정도로 첫 번째 기획안에서 나아진 것이 전혀 없었다. 하아, 나도 모르겠다. 육식동물아, 그냥 날 잡아 드세요. 나도 모르게 한숨을 쉬었다.

"파일, 카톡으로 줘봐요."

이 말은 '네가 가져온 것은 펜으로 적당히 수정해서 될 수준이 아니라서 내가 처음부터 다 뜯어고쳐야 하니 파일째 공유하라'라는 뜻이었다. 직장인에게 이 말은 사형선고다. '수준 미달'이라는 평가이기 때문이다. 나는 효자손에게서 이 말이 떨어질 때가 가장 자존심이 무너졌었다. 권 차장도 나처럼 자존심에 상처를 받을 수도 있다. 하지만 이번엔 물러서지 않겠어. 미안하지만 권 차장, 이번 기회로라도 그 드높고 단단한 자존심이 말랑해졌으면 좋겠네요.

“저 들어가봐도 될까요. 오늘 전략팀장님, 실장님하고 저녁 술 약속이 있어서요.”

권 차장이었다. 당황해 고개를 들어 보니 이미 모니터는 꺼져 있고 가방도 챙겼다. 나한테 보냈으니 업무 끝 이건가. 고치든지 말든지 이제 팀장 네가 알아서 해라인가. 그의 자존심은 첨단 소재로 만들어진 것이 틀림없었다.

책상 위 스탠드를 켰다. 팀원 모두가 퇴근한 사무실은 한적했다. 나는 멍하니 그가 만든 기획안을 바라봤다. 어디서부터 어떻게 바로잡아야 할까. 모든 팀원이 내 마음 같을 순 없잖아. 하지만 이번은 꽤 난이도가 높다. 8년 차나 되는 차장의 업무 태도나 방식을 단 시간에 바꾸는 것 또한 불가능했다.

‘뭐 하냐.’

이럴 때면 귀신같이 연락이 오는 서 팀장.

‘선배, 나 야근요.’

‘얼씨구. 야근하는 사람은 무능력한 거라더니ㅋㅋㅋ 팀장

돼보니 다르지?'

'네, 완전. 근데 무슨 일이에요?'

'말 전달 안 할까 하다가 알아야 좋을 거 같아서.'

'뭔데요?'

'아까 업무 협조받을 게 있어서 인사팀장한테 갔는데 권 차장하고 얘기하고 있더라고. 들으려고 한 건 아닌데 들려서 말야.'

오후라면 권 차장이 자리를 비웠던 그 시간이다. 한 시간 동안 권 차장은 인사팀장을 찾아가 만났던 것이다.

'헐. 뭐라는대요?'

'네가 마이크로 매니징한다고 했어.'

'마이크로?'

'뭔 소린가 했더니 네가 사소한 오타부터 빨간 펜 선생질을 하면서 꼽주더래.'

'ㅜㅜ 좀 엉망으로 가져와서 고칠 게 많다고 한 게 다인데.'

'그랬어? 난 네 성격에 그럴 리가 없을 거 같아서 혹시 권 차장이 거짓말을 하나 싶어 확인하는 거야.'

'휴… 선생질을 한 게 아니라 수정한 거예요.'

'음… 문제는 그게 아닌 거 같아. 혹시 너 보고서 수정하고 말하면서 권 차장 눈치 봤어? 잘못은 권 차장이 했는데 네가

잘못한 것처럼.'

'그래도 본인은 열심히 했을 거잖아요. 그걸 제가 지적하는 게… 좀 뭐랄까 미안하기도 하고.'

'미안? ㅋㅋㅋ 너 그거 알아? 사람들한테 사이코패스지만 일 잘하는 팀장하고, 사람은 좋은데 일 못하는 팀장하고 누가 좋으냐 물으면 백이면 백! 전자를 택해. 그건 좋은 사람이 좋은 팀장이 아니란 뜻이야. 팀장이 물에 물 탄 듯 술에 술 탄 듯 희미하고, 화내야 하는 상황에 화낼 줄 모르면 일을 못한다고 생각해. 팀원들도 아, 우리 팀장 너무 착해라고 생각하는 게 아니라 팀장을 무시하기 시작하는 거고.'

'그럼 화를… 내요?'

'내가 예전에 드라마에서 어떤 대사를 보고 무릎을 친 적이 있어. 역지사지가 무슨 뜻인 줄 알아? 역, 역으로 지, 지랄을 해야 사, 사람들은 지, 지일인 줄 안다.'

'푸하하하하'

'그렇다고 지랄을 하란 뜻이 아니라 잘못을 하면 따끔하게 지적을 하란 말이야.'

'따끔하게, 어떻게요?'

'컨트롤 안 되는 후배는 실력으로 누르라는 말이 있어. 보고서 쓰는 능력, 서연이 너 회사 내에서 탑에 드는 거 알아?'

'제가요? 설마.'

'내가 네가 쓴 문서 지적한 적 있어? 그건 내가 손을 안 대도 될 만큼 훌륭해서였어. 그런데 정작 네가 널 못 믿는 거 같아. 팀에서는 네가 기준이고 정답이야.'

'너무 독단적인 거 아니에요?'

'엥. 오타 없게 하고 자간 자평 맞추라는 게 왜 독단이야. 아무리 내용이 좋아도 형식이 틀리면 그냥 틀린 거야.'

'오타랑 자간까지 지적하는 건 너무 마이크로 매니징같이 느껴지긴 하거든요….'

'그게 왜 마이크로 매니징이니. 베이직 매니징이지. 업무의 기본인데.'

그런데 왜 기본도 안 된 그가 일 잘하는 차장으로 소문이 났던 것일까요. 혹시 오타와 자간이 기본이 아닌 게 아닐까요. 상사에게 아부 잘하고, 의전 잘하고, 술자리에 빠지지 않고 참석하는 게 직장생활의 기본이 아닐까요. 그것도 못하는 제가 지적하니까 권 차장이 듣질 않는 게 아닐까 생각되는 게 이상한 것일까요.

'그래서 인사팀장님이 뭐라셔요.'

'뭐라긴. 알겠다고 하지. 그래서 내가 권 차장 얘기 들었다 어떻게 하실 거냐 물었더니 뭐라는 줄 알아?'

'권 차장 다시 영업팀으로 보낸대요?'

'아니, 발령 내는 게 쉬운 줄 아니. 그냥 너한테 알려주래.'

'알려주라고요? 당사자인 저한테요? 니희 팀원이 인사팀에 찾아왔다라고 말해주라고요? 충격이네요.'

'얘 좀 봐. 권 차장이 진짜 인사 내달라고 갔겠어? 대표랑 실장이 지켜보는데 저 소분팀에서 일 못하겠습니다 하고 백기를 든다고? 걔 네 귀에 들어가라고 일부러 간 거야. 기 싸움하는 거라고. 모르겠어?'

'헐.'

'권 차장 이번 TF팀에서 한 건 해서 승진하려고 칼 갈고 있을걸. 근데 네가 방해가 된다고 생각하는 거겠지. 예전에 같이 있었던 영업팀장은 완전 허수아비였더만. 그 밑에서 권 차장 자기 마음대로 다 했을 거야. 근데 지금은 안 통하니 갖은 방법을 다 쓰는 거겠지.'

'그럼, 저 어떻게 해요.'

'뭘 어떻게 해. 진서연의 매운맛을 보여줘야지.'

매운맛이라니요, 선배. 나는 아이들도 먹을 수 있도록 순하디 순한맛으로 만들어졌다고요. 여기에 고춧가루를 넣는다고 뭐 달라지겠어요? 맛만 버리지.

쿡 하고 또 두통이 시작됐다. 타이레놀을 입에 털어 넣었다.

4

차라리 몰랐으면 좋았을 뻔했다.

'팀원이 팀장이 싫어서 인사팀을 찾아갔다'라는 이야기는 남 일인 줄만 알았다. 서 팀장은 그런 일은 비일비재하다며 적응이 될 것이라고 했지만 나는 누가 그녀 때문에 인사팀을 찾아갔다는 얘기는 들은 적이 없다.

일부러 감기약 성분이 들어 있는 타이레놀을 먹었는데도 잠이 오질 않았다. 속상했다. 잘해보려고 했지만 타인에게 오해를 받고 있다는 사실이 그리고 그 사람이 나에 대해 좋지 않은 얘기를 했다는 것이 몸서리치게 짜증이 났다.

얼굴이 화끈거리기 시작하더니 온몸에 열이 나는 것 같았다. 나는 그게 어른들이 말하는 화병일 것이라고 확신하며 주섬주섬 겉옷을 챙겨 입었다.

겨울 초입의 날씨였다. 코끝이 차갑게 아려왔다. 문득 핸드폰을 보니 자정이 넘은 시간이다. 집 근처 공원을 한 바퀴, 두 바퀴째 돌았다. 아빠와 큰소리를 내면 엄마는 그렇게 공원을 돌았다고 했다. 돌면서 생각을 정리하고 감정이 가라앉으면 그때서야 감정에 밀려난 차가운 이성이 천천히 돌아오더란다. 그런데 나는 세 바퀴째 돌고 있다. 생각은커녕 권 차장의 말과 서 팀장의 말을 곱씹는 동안 억울하고 분한 감정은 더 크게 차올랐다.

뚜벅뚜벅. 한참을 걷고 있는 때였다. 누군가의 발자국 소리가 크게 들렸다. 나는 귀에서 나지막이 들려오는 음악의 볼륨을 줄이고 등 뒤에서 나는 소리에 귀를 기울였다. 차마 이어폰을 빼지도 뒤를 돌아보지도 못했다. 조금만 예측에서 벗어난 행동을 했다가는 누군가 뒤에서 해코지를 할 것 같은 기분이 들었다.

묻지마 범죄 기승, 밤길 걷던 여성 퍽치기당해

혼자 사는 여성 뒤를 따라가다가 원룸 현관문을 열자마자 달려들어…

해괴한 뉴스 헤드라인들이 떠올랐다.

으아아아아. 나는 일부러 소리를 지르며 전속력을 다해 집으로 뛰어갔다. 엘리베이터를 기다리면 뒤에서 덮칠 것 같아 한번에 계단을 두 개씩 올라갔다. 도어락 비밀번호를 누르는데 손가락이 떨려 제대로 눌러지지가 않았다. 눈물이 차올랐다. 제발, 제발 하는데 띠리릭 하면서 문이 열렸다. 요란하게 문을 열고 안으로 들어가 걸쇠까지 잠그고서야 삼킨 숨을 내

쉴 수 있었다.

도어렌즈로 내다봤지만 밖에는 아무도 없었다. 나는 다행이라며 그새 땀으로 흠뻑 젖어버린 후드티를 벗었다. 그제야 머리가 개운해진 느낌이다. 도둑이라 생각했던 착각의 공포로 복잡했던 생각이 한 방에 정리된 게 우스워 웃음이 났다.

원래 고민이란 게, 걱정이란 게 이런 것 아닐까. 죽을지도 모른다는 생각 앞에 다 부질없어지는 것. 그래, 죽을 일도 아닌데 맞서보지 뭐.

그럼 뭐부터 할까. 하지만 아무 생각이 나질 않았다. 실타래처럼 꼬여 있던 생각들이 통째로 사라져버리자 머리가 텅 비어버린 것이다. 이럴 때 좋은 것은 독서였다. 책이라는 것은 남이 일평생 일구어놓은 지식과 해석으로 내 안에 있는 부정적인 감정과 매몰된 정보를 해독시키는 최고의 방법이었다.

설득의 심리학

센서티브

소유냐 존재냐

심리학을 전공하면서 읽었던 책이 책장에 가득 꽂혀 있다.

그중에서 눈에 들어오는 책을 집어 들었다. 심리학자 아들러의 책 『미움받을 용기』. 미움이라는 단어가 나의 처지를 말해주는 것 같았다.

'나를 싫어하지 않았으면 좋겠다고 바라는 것은 내 과제이지만 나를 싫어하느냐 마느냐 하는 것은 타인의 과제다. 나를 탐탁지 않게 생각하는 사람이 있다고 해도 거기에 개입할 수는 없다.'

팀장이 된다는 것은 결국 팀원들에게 미움을 받을 수밖에 없는 것이라고 아들러가 말했다. 그는 행복하고 싶다면 누구에게나 좋은 사람이 되고 싶다는 마음을 포기해야 한다고 했다.

헤이 미스터 아들러, 나는 팀원 모두가 날 좋아하는 것까지는 아니더라도 불편해하지 않았으면 좋겠는데 그것도 포기해야 할까요? 나의 중얼거림에 아들러가 혀를 끌끌 차며 그런다. '미션 임파서블!' 임파서블은 무슨. 톰 크루즈가 못 해내는 것 봤어?

침대를 박차고 일어나 책상 앞에 앉았다. 서랍 속에 묵혀 둔 편지지를 꺼냈다. 요란한 하트가 그려진 편지지 사이에서 깔끔하게 선만 그어진 종이를 골랐다. 그리고 편지를 쓰기 시작했다.

누군가에게 편지를 쓴 적은 생일 카드나 감사 편지 빼고는 처음이었다. 이제는 그가 나를 좋아하든 싫어하든 상관없었다. 그저 나는 내가 하고 싶은 말, 해야 할 말이 오해 없이 전달되길 바랐다.

권 차장님,

보고서는 나만의 기준이나 고집이 아니라 회사의 소통 양식이자 표준화된 틀입니다.

자간, 장평, 글자 폰트. 너무 세세하고 쓸데없는 기준으로 느껴질지 모르지만 이는 '예쁘게' 하는 것이 아니라 '보는 사람이 읽기 쉽게' 하기 위함입니다. 정확함, 깔끔함, 간결함. 이 세 가지가 흔히들 말하는 보고서의 기본입니다. 하나의 오타가 정확함을 흔들고, 통일되지 않은 자간과 장평이 깔끔함을 해치며, 중언부언하는 문장과 사족이 간결함을 해칩니다.

영업이든 마케팅이든 전략 업무든 글 쓰는 능력이 뛰어난 사람이 늘 좋은 평가를 받아왔어요. 왜냐하면 결국 우리가 하는 업무라는 것은 내가 알고 있는, 내가 하고 있는 일을 타인에게 설득시키는 작업이거든요. 차장님이 쓰신 몇 줄이 우리 회사의 전략을 바꾸고 미래를 바꾼다고 생각해주셨으면 합니다.

'부족한 팀장이라 미안합니다'라는 문장을 쓰다가 지웠다. 미련하게도 끝까지 착하고 좋은 사람이고 싶은 마음이 남아 있었지만, 이 족쇄를 끊어내는 것도 내 몫이라는 생각이 들었다. 봉투에 편지를 넣고 나니 시간은 벌써 새벽 4시였다. 이제는 잠을 잘 수 있을 것 같았다.

5

끝내 한숨도 자지 못했다.

침대에서 이리저리 뒤척이다 평소보다 10분 정도 일찍 집을 나섰다. 낯익은 얼굴들로 가득하던 지하철 안에 낯선 사람들만 있었다. 하지만 동질감은 있다. 다들 어두운 얼굴에, 피곤한 눈 그리고 기운 없는 몸뚱이를 하고서 전철 흔들림에 이리저리 흐느끼고 있었다.

주위를 둘러보다 옆에 선 여자의 핸드폰이 보였다. 그녀는 누군가에게 카톡을 보내고 있었다. 굉장히 신중하게 말을 고르는 듯했다. 죄송합니다까지 썼다가 이모티콘을 붙였다가 눈물 표시를 썼다가 지웠다. 팀장님 어쩌고 하는 걸로 봐서는 팀장한테 보내는 거다. 받는 팀장은 팀원이 저렇게 단어

하나하나에 애쓰는 거 몰라요 하고 말해주고 싶었다. 그녀는 사람들에게 밀려 목적지인지 아닌지 모를 곳에 떠밀려 내려 버렸다.

궁금했다. 그녀가 보낸 문장은 과연 어떤 것이었을까? 그리고 그 팀장은 그녀의 카톡을 받고서 화가 났을까, 괜찮다고 했을까.

사무실에 도착하니 썰렁하다. 팀원들의 빈자리를 보고 있으니 출근길의 그녀가 생각이 났다. 모두가 애를 쓰고 있는데 지금까지 나만 혼자 고생하고 있다고 생각한 것은 아닐까. 권 차장도 나름 자신의 세계에서 속을 끓이고 있는 것은 아닐까.

권 차장 책상 위에 편지를 올려두었다.

표 사원, 신 사원, 권 차장이 차례로 들어왔다. 권 차장의 움직임에 신경이 곤두섰다. 부스럭거리는 소리가 나는 것을 보니 그는 편지를 보고 있는 것이 분명했다. 그는 말없이 탕비실로 가 커피를 타왔고, 평소와 같이 전화를 걸고 받았으며, 다른 말없이 나에게 일정과 관련해 보고를 했다.

그렇게 똑같은 하루하루가 흘렀다. 나의 편지는 그 어떤 답장도 받지 못했다.

정글에서
초식동물로 살아남기

1

“훌륭해요. 신제품 출시만 생각했지 팝업스토어는 생각지도 못했는데, 이 아이디어는 어떻게 나온 건가요?”

최 실장은 TF팀의 기획안에 대해 만족스러워했다. 이제 실장 방에 들어서는 것이 어렵지 않았다. 목소리도 안정되었고 그와 농담도 주고받을 정도의 여유도 생겼다. 그는 상사라기보다는 마치 동아리 선배처럼 보고 내용과 관련된 코스메틱 사업 전반에 관한 소소한 이야기도 해줬다. 나는 그게 고마웠다.

“요즘 주 소비층인 MZ세대의 경우 SNS를 통해 자신의 일상을 공유하며 특별한 경험을 찾아다니는 특징이 있는데요. 이들의 취향을 겨냥한 비주얼과 체험형 콘텐츠를 중심으로 구성하면 브랜드 이미지 제고에도 도움이 되고 신제품 홍보 방법으로도 좋을 거 같아서요."

"좋아요, 좋아. 근데 팝업스토어 이거 어디에서 제일 먼저 시작한 줄 알아요?"

"미국…."

"미국 말고 우리나라에서."

"아뇨."

"우리 DM산업이에요. 2013년도에 고급 브랜드들만 모아 팝업스토어를 운영했죠. 그때 타깃은 20~40대 여성들이었어요. 올해는…."

"요즘 남자들도 그루밍족이라고 해서 외모를 가꾸는 데 투자를 많이 하는 걸로 알고 있습니다."

"그럼 9년 전에 비해 타깃은 좀 변동이 있겠네요."

"네, SNS 바이럴이 많이 되면 확장성이 있을 거 같습니다."

"근데 난 과거 우리 제품을 나열하는 전시회 컨셉 정도로는 사람들이 안 모일 거 같은데…."

"아… 그럴까요."

"솔직히 말해봐요. 이거 누구 아이디어입니까?"

"네?"

사람 좋은 눈빛을 하며 좋은 말만 하던 최 실장이 갑자기 날카로운 질문을 던졌다. 그의 눈빛은 선한 빛 그대로였지만 그 의미는 달라져 있었다. 그는 무엇을 원하는 것일까. 아이디어 낸 사람을 칭찬하기 위해? 아니면 지적하기 위해? 직장생활 5년 차만 되도 눈치코치 다 생긴다는데, 상사 눈빛만 봐도 척 안다는데, 나는 아니었다.

"그냥 저희 회의에서…."

"진 팀장 생각에는 이 아이디어 좋은 거 같아요? 내가 아는 진 팀장이라면 이 아이디어를 냈을 거 같진 않거든. 음, 가장 있을 법한 시나리오는 소분팀 팀원이 아이디어라고 냈을 거고 진 팀장은 그걸 비판도 못하고 잘라내지도 못하고 그냥 가져왔다. 어때요? 맞죠."

"아…."

정곡을 찔렸다. 역시 이 자리까지 온 사람은 뭐가 달라도 다르다.

"진 팀장, 홍보팀에서 왜 소분팀으로 온 줄 알아요? 그것도 팀장으로."

"아… 소분팀 경험자가 저밖에 없다고 들었습니다."

"하하… 그럴 리가. 언제 회사가 경험자를 찾아서 인사를 냈나요.”

“…”

“홍보팀에서 사내보에 글을 썼죠? 특히 회사 관련 소개글이나 헤드라인, 큼직큼직한 특집 이슈 같은 것들.”

“네.”

“내가 원래 여의도 바닥에 있었던 거 알죠? 사무실 책상에 앉아서 하루에만 백여 개가 넘는 보고서를 봤어요. 그러니 짧은 문장만 봐도 쓴 사람이 무슨 생각과 마음으로 썼는지 다 보여요. 과거 전임자가 쓰던 문장을 그대로 긁어온 사람, 동사를 명사로만 바꾼 사람, 구어체를 그대로 보고서에 쓰는 사람 등등. 난 이게 흔히들 말하는 문해력이나 어휘력의 문제가 아니라고 보거든요. 정성의 문제, 책임감의 문제예요. 어느 날부터 사내보가 조금씩 달라지고 있었단 말이에요. 다른 사람들은 모를 거야. 읽지도 않을 거고. 근데 난 이런 작은 것에서 사람을 보거든요. 조직의 미래도 보고요. 내 말, 무슨 말인지 알아요?”

“아… 몰랐습니다. 실장님이 알고 계신 줄은.”

“내 경험상 그건 애사심이 강해서가 아니에요. 그냥 개인 특성이지. 근데 마침 소분팀 팀장이 공석이 된다는 인사팀 연락이 왔어요, 소비자 이슈가 중요한 시점이었죠. 내가 추천했어요, 진 팀장. 그리고 난 진 팀장이 이번에 댓글 조작 사건 해내는 걸 보고 한 단계 좀 더 어려운 과제를 줘도 되겠다고 생각했습니다. TF 업무를 소분팀에서 하게 된 이유입니다."

"아…."

충격이라고 해야 할까, 감동이라고 해야 할까. 겁이 났다. 제가 뭘 했다고 추천을 했으며, 업무를 맡기나요. 전 그렇게 뛰어난 사람이 아니에요.

"댓글 그거는 제가 발견해낸 게 아니라 저희 팀원이 한 거고요. 제가 한 거라고는…."

"진 팀장 같은 사람들 특징이 뭔 줄 알아요? 잘해서 칭찬을 하잖아? 그럼 극구 손사래를 치면서 아니래. 자기가 한 게 아니라고 하거나 그건 사실이 아니라고 하거나. 그거 스스로를 깎아먹는 거예요. 칭찬은 좀 칭찬으로 받아."

"네에… 감사합니다."

어떻게 알았을까. 나는 칭찬의 순간마다 몸둘 바를 몰라 하며 반사적으로 반응했다. 아닙니다. 아니에요. 마음속으로는 너무나 기뻐서 폴짝폴짝 뛰고 싶으면서.

"그렇지, 그렇게 말이야. 그럼 이제 진 팀장의 스타일대로 다른 아이디어를 생각해볼래요? 난 소비자들이 우리 DM산업의 진심을 느꼈으면 하거든요."

"…진심."

"아이디어를 내는 데 시간이 좀 필요할 테니 그건 천천히 하고 그 전에 팝업 관련해서 팀장 회의를 한 번 주도해 열어 보세요. 아무래도 오프라인 매장을 오픈하는 거라 영업팀, 마케팅팀 VMD*부터 재정팀 등 부서별 협조가 많이 필요할 거예요. 다들 선배들일 테니 잘 설득해 이끌어내고요."

"네? …네."

선배들 앞에서 브리핑이라니. 생각만 해도 몸서리가 쳐졌다. 까마득한 선배들을 모아놓고 당신은 이 업무, 당신은 이 업무라면서 일을 주는 것. 후배들한테도 잘하지 못하는 지시를 선배들에게? 오우 마이 갓.

팀장들의 얼굴이 하나하나 스쳐 지나갔다. 깐깐하고 히스테릭하다는 마케팅팀장, 매사에 심드렁한 만년 부장 같은 재정팀장, 사람 좋다는 평판도 있지만 성희롱도 잘한다는 기획팀장 그리고 나의 사수였던 효자손. 오우 무서워.

"요즘 힘들죠? 본 업무에 TF 업무까지. 새로 온 권 차장은 좀 어때요? 도움이 되던가요? 내가 추천을 했어요. 진 팀장

* Visual MerchanDiser: 비주얼 머천다이저

이랑 잘 맞을 거 같아서. 그러고 보니 소분팀 멤버들은 내 손을 거친 사람이 많네. 하하하."

"네… 아주 많은 도움이 되고 있습니다. 감사합니다."

아, 이 모든 일의 원흉은 실장님이셨군요. 권 차장이요, 아주 잘 맞죠. 맞다마다요. 보고서 쓰는 수준도 엉망이고 위아래도 모르고 제가 진심을 다해 쓴 편지도 읽씹한 이상한 사람이라 저하고 딱 맞지 뭐예요, 젠장.

"마음에 안 든다고 너무 몰아세우지 말고 차근차근 잘 가르쳐서 이끌어봐요. 가끔 보면 여자 팀장들이 깐깐하게 굴어서 남자 팀원들이 지쳐 떨어져 나가는 경우가 많거든."

음? 실장님? 지금까지 실장님 말씀을 들으면서 아, 이분은 내가 평생 모셔도 될 분이다, 정말 좋은 사람이다, 보고 배울 점이 많다 하고 생각했습니다만. 역시 실장님도 그 나물의 그 밥, 꼰대 중의 꼰대셨던 겁니까. 90년대 생이 어쩌고 하면서 트렌드 파악하고 책 읽고 공부하시면 뭐 합니까. 성차별 인식, 그거 MZ세대들이 제일 싫어해요.

그나저나 권 차장은 도대체 나에 대해서 뭐라고 떠들고 다니는 것일까. 자기에게 히스테릭 부리는 노처녀 여자 팀장, 뭐 그런? 세상에. 요즘 서른아홉은 노처녀도 아니거든?!

이제 참지 않겠어. 겸손 따위 개나 주라지!

"오해이신 거 같아요, 실장님. 저 정말 진심을 다해서 권 차장하고 잘해보려 하고 있습니다."

"아, 그래요?"

"저보다 나이 많은 남자 직원이라 같이 일하는 게 힘든 것은 사실입니다. 그래서 맞춰가려고 노력하고 또 노력합니다. 권 차장에게 강요하지 않고 두세 번 절 살핍니다. 혹시나 말을 잘못하지는 않았는지, 상처를 주지는 않았는지, 강압적인 태도나 명령조의 어투를 쓰지 않았는지, 혹시 성.차.별.적 발언을 하지는 않았는지!"

"아, 그래요. 몰랐네요. 미안해요. 진 팀장 고생이 많아요."

"아닙니다."

속이 다 시원했다. 혼자 끙끙 앓으면서 억울하다고 발버둥을 쳐봤자 아무 소용없다. 사람들은 말 안 하면 모른다.

"괜찮다면 내가 팁을 하나 주고 싶은데, 카네기 책에 이런 게 나와요."

"카네기요?"

최 실장 뒤 책장에 꽂혀진 카네기 책이 눈에 들어왔다.

"상대방을 설득하고 싶으면, 상대방의 입에서 '네'라는 말이 나오도록 해라. 권 차장도 자기만의 고집이 있을 거예요. 그걸 무조건 틀렸다고 하면 반발심만 불러일으킬 거예요. 그 사람이 납득할 만한 이유를 대세요. 가령 진 팀장을 패싱하고 나에게 직접 보고하는 게 왜 안 되는지 그런 것들?"

놀랐다. 그는 모르는 척했지만 다 알고 있었다. 설마 내가 그에게 편지를 쓴 것도 알고 있을까. 아니다, 그건 모를 것이다. 하지만 그의 말에 따르면 나의 편지는 틀렸다. '너 보고서 똑바로 써!'라는 일방적인 지시였으니까.

2

실장 방을 나오는데 멀리서 권 차장이 걸어오는 것이 보였다.

권 차장에게 어떤 질문으로 '네'라는 대답을 이끌어낼 수 있을지 고민했다. 그리고 따져 묻고 싶었다. 난 당신이랑 잘해보겠다고 편지까지 썼는데, 당신은 나를 히스테릭 노처녀로 만들어버렸네, 이게 답장이냐?

그때였다. 권 차장 뒤에서 효자손이 나타나 말을 걸었다.

"진 팀장."

"네?"

심장 박동이 빨라졌다. 효자손 발(發) 스트레스 반응이다.

"어, 오늘밤에 골드나이트 행사가 있는데 권 차장이 운영

위원이거든. 오늘 오후부터 내일까지 행사 세팅을 해야 하니까 일에서 좀 빼줘. 무리인가?"

"아, 아뇨. 전혀요."

그러자 능글거리며 대화에 끼어드는 권 차장.

"제가 말씀드렸잖습니까. 소분팀에서 전 없어도 되는 존재라니까요. 하나도 영향 없습니다."

"그래? 필요 없어?"

"네? 아아뇨."

이런 식으로 말하고 다녔구나. 피해자 코스프레하면서.

팀으로 돌아오자마자 나는 팀원들에게 전시회 팝업 아이디어가 킬됐음을 전했다. 그리고 골드나이트 행사로 권 차장이 내일까지 자리를 비운다고 알려줬다.

'팀장님, 골드나이트가 뭐예요?'

나는 궁금해하는 두 사원에게 설명했다. 골드나이트(Gold Night), 한국대 출신의 동창모임으로 제조업계, 유통업계 등의 굵직굵직한 대기업 사원들이 한 자리에 모이는 큰 행사. 그깟 대학 동창회를 왜 회사 일까지 빼면서 하냐고? 자신이 한국대 출신임을 일생일대의 가장 큰 자랑으로 여기는 대표의 뜻이니까. 그래서 행사의 모든 부대비용 및 대관료는 우리 회사가 부담했다.

'알겠지만 골드라인에 권 차장, 전략팀 나 팀장님, 최 실장님도 멤버예요. 그러니까 뭐 그냥 우리 회사 행사라고 생각하면 되는 거죠.'

'무슨 대학 동창 행사에 직원들이 동원되나요. 노 이해, 노 어이.'

'뭐 어떻게 보면 비밀리에 학맥, 인맥 끌어주는 것보다 이렇게 대놓고 하는 게 난 더 나은 거 같기도 하고 그러네요.'

팀원의 빈자리는 생각보다 컸다. 특히 쉴 새 없이 울려대는 전화 통에 나는 핸드폰을 꺼버리고 싶은 심정이었다. 게다가 팀장 회의도 준비해야 했다.

아이템이 결정되지는 않았지만 팝업스토어 개장은 확정인 상황. 그렇다면 필요 사항부터 체크해야 했다. 문제는 오프라인 매장 오픈이 해본 적도, 본 적도 없는 업무라는 사실이다. 나는 맨땅에 헤딩하는 심정으로 인터넷 검색부터 했다. 매장 장소 선정을 위해 유동 인구 및 상권 분석이 필요했다. 표 사원과 신 사원의 업무 분장을 하고 있을 때였다.

띠링. 사내 메신저에서 결재가 올라왔음을 알렸다. 신 사원의 휴가 신청서였다. 못다 쓴 포상 휴가를, 하필 지금? 이렇게 바쁜 거 알면서?!

화가 났다. 신청 날짜를 보니 내일모레다. 하루 전에 알려온 것을 그나마 다행이라고 해야 하는 건가.

후배들의 행동을 볼 때마다 나를 반추해본다. 나는 신입 때 어땠는가. 팀 분위기가 바쁘면 연차는커녕 반차도 언감생심이다. 쓸 권리야 있었다. 하지만 그러지 않았다. 눈치를 봤기 때문이다. 조직에서는 그래야 하는 줄 알았다. 하지만 자신의 권리를 찾는 후배들에게 '눈치를 보라'고 할 수는 없다. 눈치는 본인이 챙겨야 하는 것이지 타인이 가르친다고 챙겨지는 것이 아니다. 게다가 나도 MZ세대잖아! 개인의 자유, 인격, 인권!

하지만 몸이 먼저 반응했다. 하아, 절로 한숨이 나왔다. 내 마음과 같지 않은 후배, 나를 따르지 않는 후배. 이들 모두를 데리고 같이 나아가야 하는 것이 팀장이라면 하고 싶지 않았다. 어제부터 시작된 생리통 때문인지 컨디션도 좋지 않았다. 그때였다. 카톡, 누군가 했더니 표 사원이다.

'팀장님. 무슨 일 있으세요….'

'응? 아니. 왜요.'

'한숨을 너무 깊게 쉬시길래…. ㅜㅜ'

아, 들었구나. 그래 팀장 말 한마디에, 말투와 억양에, 한숨에, 웃음에 기분이 오르락내리락 하는 게 바로 팀원이지.

'그냥 이래저래.'

힘들다고 얘기하기 싫었다. 약한 모습을 보여서 동정을 얻을 상대가 팀원은 아니지 않은가. 하지만 오늘은 이성보다 감정이 앞섰다.

'오늘은 좀 많이 힘드네요.'

'저랑 술 한 잔 하실래요?'

예상치 못한 톡이었다. 그날의 단팥죽이 그녀의 얼었던 마음을 녹인 것일까. 아니면 이제 나와의 거리를 좁혀볼 마음이 생긴 것일까. 술이 들어가면 자신의 얘기를 안 하곤 못 배길 텐데.

'표 사원 술 못하잖아요.'

'팀장님이랑은 먹죠.'

'어라? 뭐야ㅋㅋㅋ.'

'그날 이후 생각이 좀 많아졌거든요. 팀장님께 하고 싶은 말도 있고요.'

'그럼 그럽시다. 근데 집에 안 가봐도 돼요? 일부러 나 때문에 무리하지 않아도 돼요.'

'오늘 할머니 동네 분들하고 고스톱 치신대요ㅋㅋㅋ.'

'여기 저기 친목 모임이 많네요. 여기는 골드나이트, 할머니들은 고스톱나이트.'

'ㅋㅋㅋㅋ'

3

노란 불빛이 인상적인 이자카야다.

입구에 드리워진 낡은 커튼을 걷으니 진한 육수 냄새가 훅 하고 풍겨져 왔다.

"오랜만에 오셨네."

머리에 두건을 두른 사장이 나와 메뉴를 건네며 알은체를 했다.

"그러게요. 요즘 일이 많아 정신이 없었어요."

"오늘은 새로운 동행이네요. 늘 같이 오시던 머리 긴 분은 안 오셨네."

"아, 거기는 선배님 그리고 여기는 후배님."

"아! 좋은 인연이네요. 맛있는 시간 보내다 가셔요. 오늘 육수가 좋거든요."

잠시 후, 따뜻한 어묵탕과 갓 튀긴 가라아게 그리고 사케가 놓였다. 음식이 뿜어내는 따뜻한 기운이 입맛을 돌게 했다.

"나 말 놔도 돼?"

잔에 술을 따르며 표 사원이 그어둔 선을 훌쩍 넘었다. 넘어오지 말라고 해도 돌아갈 생각은 없었다. 나에게는 가까이서 내 편이 되어줄 사람이 필요했다.

"그럼요, 팀장님."

"여기 내가 되게 좋아하는 술집이야. 나도 너처럼 회사에 술 못한다고 뺑치고서 회식 한 번도 안 갔거든? 그러다가 딱 한 명에게만 커밍아웃하고 여기서 술 마셨어. 그날 이후 여긴 내 아지트가 됐어. 누군지 알겠어? 아까 주인아저씨가 얘기한 사람."

"홍보팀 서 팀장님요? 두 분 친해 보이시더라고요."

"사람들은 회사에서 친구 따위 만드는 거 아니라고 하거든. 근데 난 좀 생각이 달라. 우리 하루의 거의 대부분을 회사에서 보내잖아. 그곳에 든든한 아군이 없다는 건 생각보다 끔찍한 일이야. 집에 가면 뭘 해도 받아주는 엄마가 있는 것처럼, 회사에서는 직장 동료 이상으로 기댈 사람이 필요해. 특히 나처럼 소심하고 예민하고 상처 잘 받는 사람은 상황을 좀 객관적으로 봐주고 같은 편도 되어주고, 가끔은 따끔하게 혼도 내주고, 착각의 고리도 잘라주는 존재가 있어야 해. 그래야 견뎌. 그래야 사람들과의 싸움에서 지쳐 나가떨어지지 않을 수 있어. 그게 나한테는 서 팀장이었어."

"부러워요."

"근데 내가 팀장이 되고 나니까 서 팀장한테 얘기 못하는 것들이 생겨나기 시작한 거야. 팀원일 때는 단순했거든. 시키는 일만 하고, 팀장한테 잘 보이고, 인정받으면 되는 거였어. 근데 팀장이 되니까 복잡해졌어. 상사는 물론 후배도 신경 쓰고, 내 일을 잘해야 하는 건 당연한 거고 후배 일도 생각해야 하고. 어디 그뿐이야? 팀 전체의 연간 계획, 월간 계획, 주간 계획, 타 팀과의 협조도 생각하고 해결해야 해. 그러니까 옛날처럼 저울질하면서 따져 물을 시간이 없어. 눈앞에 떨어진 과제들을 본능적으로 쳐내야만 본전인 거지. 그러니까 내 밑바닥이 보여. 난 리더십도 없고 지극히 내향적이고 판단도 느리고 생각도 많으니까. 해도 해도 끝이 안 보여. 해결한 줄 알았는데 또 다른 문제가 터지고, 하루 무사히 지나면 또 그다음 날이 문제고. 그걸 일일이 서 팀장에게 물어서 해결하기에는 이제 쪽팔리니까. 그래서, 그래서 좀 그래."

일방적인 내 신세한탄을 가만히 듣던 표 사원이 입을 열었다.

"외로우셨죠, 팀장님."

"어?"

표 사원의 말이 툭 하고 눈물샘을 건드렸다. 울컥, 눈에서 나오는 것인지 심장에서 나오는 것인지 모를 눈물이 쏟아져 나왔다.

"다들 날 싫어하는 거 같아. 아닌가? 그냥 남들은 아무 생각 없는 건데 내가 너무 예민하게 받아들이는 건가. 난 최선을 다한다고 하는데 다른 사람한테는 잘 와닿지 않나 봐. 나 진짜 팀장 하기 싫어. 그냥 옛날처럼 차장 하면서 팀장한테 지시나 받고 파티션 안에서 있는 듯 없는 듯 살고 싶어."

"전, 팀장님 안 싫어해요. 좋아해요."

"엉?"

난 눈물콧물 범벅인 채로 표 사원을 바라봤다.

"전, 팀장님 스타일이랑 맞아요."

"야! 그놈의 스타일. 내 스타일은 어떤데. 권 차장은 마초고 나는 뭐 흐리멍덩 스타일인가?"

"하하하 아뇨. 전, 팀장님의 그 조심스러움이 좋아요. 조심스러우니까 주의 깊고 저희들 감정이나 상황을 살피는 데 민감하신 거고요."

"그게 보여? 너무 바보 같지 않니."

"아뇨. 좋아요 전. 그게 배려란 걸 알거든요. 사실 팀장님 같은 상사는 거의 없어요. 그냥 본인 스타일대로, 익숙한 대로 지시를 던지기만 하시죠. 받는 후배들의 성향이나 상황 같은 건 생각하지 않으시고요. 그런데 팀장님은 저랑 신 사원이랑 권 차장님을 대할 때 다르다는 걸 느껴요. 다중적이라는 뜻이 아니라 저희들의 마음이나 상태를 보고 맞춰주시는 거라고 생각해요. 맞죠?"

"난 그러는 내가 너무 싫어. 나선중 팀장처럼 결정은 내가 한다, 너희들은 따라만 와! 하는 카리스마가 부럽다고."

"음… 장단이 다 있는 거 같아요. 나 팀장님의 카리스마는 독단적이어서 다들 힘들어해요. 대신 팀장님은…."

"그냥 솔직하게 얘기해줘."

"음… 때로는 빨리 그냥 팀장님 스타일대로 결정해줬으면 하는 때가 있긴 했어요. 이번에 팝업스토어 건도 팀장님은 실장님께 보고하고 천천히 진행하자고 하셨는데, 권 차장님이 바뀔 리 없다고 공장에 컨택부터 하셔서 결국 다 엎어졌잖아요."

"난 내가 틀릴 수도 있으니까 최대한 팀원들 생각을 들으려고 한 거지."

"그냥 팀장님 감을 믿고 결정해주셨으면 좋겠어요. 가끔 보면 팀장님은 팀장님 자신을 너무 믿지 않으시는 거 같거든요."

'나 자신을 믿지 않는다.' 서 팀장하고 똑같은 소리다. 팀원도 그렇게 느꼈다면 진짜 나의 문제는 이것이다.

"근데요, 그런 팀장님이 좋아요, 전."

"아니, 사랑 고백하지 말고 표 사원!"

"진짜예요. 예전에 제가 혼자 밥 먹겠다고 하니까 끝까지 돌아보셔서 저 뭐 하나 살피셨죠? 늦게라도 데리고 같이 가려고."

"맞아! 그걸 봤어?"

"신 사원이 지각한 날은 빠진 업무 브리핑해주시면서 권 차장님한테 혼 안 나도록 감싸주셨고요. 팀원들의 마음, 사정 고려해주시니 저희는 팀장님에 대한 무한 신뢰가 쌓이는 느낌이에요. 누가 팀장님이 제 뒷담화를 했다 해도 전 팀장님한테 따져 물을 수도 있을 거 같아요. 진짜 저 욕했냐고. 아니지 않냐고. 왜냐면 팀장님의 진짜 마음은 아니란 걸 아니까. 내가 말하면 그랬구나 하고 믿어주실 거 같으니까."

나는 그녀의 소문을 잠깐, 아주 잠깐 믿었다. 이상한 애라고도 할 뻔했다. 후회한다. 반성한다.

"제가 왜 우리 팀장님은 다른 팀장님에 비해서 결정이 한 발짝씩 늦을까 봤어요. 꼼꼼히 체크하시더라고요. 경우의 수를 다 따져서 만일의 사태에 대해 대비하시고요. 그래서 저희 사고 한 번도 안 났잖아요. 저랑 신 사원 가끔 그런 말 하거든요. 팀장님이 있어서 든든하다, 뭐라도 할 수 있을 거 같다. 왜냐면 팀장님이 방패막처럼 앞에서 다 걸러주시고 살펴봐주시니까."

"그래서 이것들이 실수를 자꾸!!"

"헤헤. 죄송합니다. 그래도 안 하려고 늘 긴장해요. 사실 어떤 팀장님은 오타 하나에도 거의 한 시간씩을 설교하신대요. 심지어 가정교육이 어떻네 하면서 자존심에 상처되는 말만 골라서 한대요. 그런데 팀장님은 딱 체크만 해주시잖아요. 아무 말없이요. 저는 그게 그렇게 무섭더라고요. 아! 또 실수했어 하면서 스스로 반성하고 자책하고, 다음엔 절대 그러지 말아야지, 실망시켜드리지 말아야지 몇 번이고 다짐해요. 신사원도 그랬다고 하고요."

"우리 후배님들이 이렇게 열심히 자기 몫을 하고 있는데 왜 나만 헤매는 느낌일까."

그때였다. 표 사원의 전화가 울렸다. 핸드폰 화면에 '공방 언니'라는 글자가 떴다. 공방이라면 표 사원이 가끔 간다던 그곳이다. 입을 가리고 조심스럽게 전화를 받던 표 사원의 표정이 어두워졌다.

"무슨 일 있어?"

팀원과 공감하기

1

"어쩌죠. 주인 언니가 집에 급한 일이 생겨서 가게를 좀 봐달라고 하는데요."

"어휴, 난 또. 뭔 일 있나 했네. 어서 가봐."

"안주가 너무 많이 남았는데."

"싸달라고 하면 되지. 집에 가져가서 먹어."

"아, 아니에요. 팀장님 싸 가세요."

"됐어. 난 집에 가서 잠이나 잘 거야."

"이대로 헤어지기 서운한데…. 팀장님 괜찮으시면 공방에 같이 가서 드실래요?"

"공방?"

"네, 거기 아늑해서 술 먹기 좋아요."

"뭐야, 이거 이거 표 사원 술꾼이었네."

"아로마 향초 피우고 마시는 술이 얼마나 좋은지 모르시죠? 가요. 왠지 오늘은 팀장님하고 이런 저런 얘길 더 하고 싶어서요."

"…진심이야?"

"네, 저 진짜 팀장님께 하고 싶은 말이 많아요. 전철 타고 15분 정도면 가요. 가서 먹어요, 우리."

"그럼… 거기 팀장 말고 진서연으로 가도 돼?"

"그럼요. 저도 거기에서는 표 사원이 아니라 표예은이에요."

푸하하하. 둘이 마주보고 웃었다.

공감, 영어로는 Empathy. 이는 동정이나 연민의 공감(Sympathy)과는 다른 '감정이입'이라는 뜻이다.

나는 그녀와 탄 전철 안에서 이 단어를 생각했다. 처음에는 동정인 줄 알았다. 아픈 할머니, 상처 입은 마음, 그녀의 처지가 나보다 더 외로워 보였다. 하지만 이제 보니 감정이입이다. 내가 표 사원의 처지에 나를 대입해 생각과 느낌을 상상하고 오롯이 느끼는 동안, 표 사원도 혼자 고군분투하는 나를 보며 내가 느꼈을 외로움을 공감해줬다. '공감'은 서로를 이해해야 느낄 수 있는 감정이다. 상대의 사고나 감정을 내 안으로 욱여넣어 맞장구치고 고개를 끄덕이는 '동감'과는 엄연히 다른 감정인 것이다.

그래서 심리학에서는 공감을 매우 어려운 심리 상태라고 정의한다. 어려운 만큼 타인과 진정으로 공감한다면 서로가 서로에게 강력한 위로가 될 수 있다고 했다.

그날 우리는 말로 하는 위로나 조언이 아닌 마음으로 정직하게 서로를 응원하고 있음을 알게 됐다. 그것은 팀장이 된 이후 가장 처음으로 얻은 귀한 보물이었다.

2

전철에서 내려 어둑어둑한 골목길에 들어서길 몇 번.

드디어 공방이라는 곳에 도착했다. 통나무로 주변이 둘러진 독특한 형태의 구조물이었다. 아무것도 적혀 있지 않고 진한 나이테만 보이는 간판이 왼쪽 오른쪽으로 흔들렸다. 노끈으로 묶인 둔탁한 문이 끼익하고 열렸다. 그 사이로 아로마 향이 나와 훅하고 콧속으로 들어왔다. 그 어떤 거부감도 들지 않았다. 처음이었다. 어디서 맡아본 듯 익숙한 그러나

무엇인지는 말로 표현할 수 없는 향이었다. 나는 본능적으로 눈을 감고 깊숙이 향을 들이마셨다. 그러자 복잡했던 머릿속이 맑게 개는 느낌이었다.

"예은아, 미안해. 민아가 열이 난대서 가봐야 할 거 같아."

백발에다가 얼굴에 주름이 깊은 여자가 옷을 주섬주섬 챙겨 입으며 채비를 했다.

"열이요? 얼마나요?"

"아직은 38도라는데 지켜봐야지."

"병원에는 연락해보셨어요?"

"아니, 아직. 단순 감기일 수도 있어서."

"계피차에 꿀을 좀 넣어서 먹여보세요. 저희 할머니가 감기 걸렸을 때 그렇게 많이 드셨거든요."

"역시 예은이가 나보다 많이 알아. 우리 딸도 얼른 예은이 할머니처럼 완치 받았으면 좋겠다."

"검사 언제예요?"

"다음 주 월요일."

"기도할게요, 언니."

"응, 고마워."

예은과 여자가 마주보고 선하게 웃었다. 웃음에 슬픔이 묻어난다는 게 어떤 것인지 그때 알았다.

"근데… 누구셔."

여자가 나를 가리키며 물었다.

"아, 여기 저희 팀장님이세요."

"팀장? 팀장이면 높으신 분이네. 어쩌나, 여긴 팀장님이 오시기엔 누추한데."

"아이구, 아니에요. 저 높은 사람 아니에요."

나는 민망해서 하하하 웃으며 대답했다.

"높죠. 어른 장(長)자 붙은 말이잖아요. 어른이란 말 아무한테나 붙이진 않죠."

"네?"

"요즘 젊은 사람들은 참말로 한자를 잘 몰라요. 신문 안 보세요? 세상 알아가려면 신문은 꼬박 챙겨봐야 해요. 사설에 나오는 한자라도 챙겨보셔요. 교양인의 기본이에요, 기본."

"어휴, 언니 그만해요. 요즘 누가 신문을 봐요. 다 핸드폰으로 보지. 팀장님 죄송해요. 언니가 옛날에 국어 교사셨거든요. 그래서 저렇게 잔소리예요."

"팀장님도 요즘 젊은 애들처럼 줄임말 써요? 내가 예은이나 공방 회원들한테 한글 제대로 하라고 가르치거든요."

"저요? 하하하. 저는 젊은 애가 아니어서 줄임말 같은 거 못 써요."

표 사원은 카톡에서도 고집스럽게 완벽한 문장을 고수했다. 나는 그것을 두고 표 사원을 참으로 재미없고 살갑지 않은 사람이라 생각했다.

“여기서 조용히 먹고 놀다 갈게요, 언니. 문도 제가 잘 닫고 가고요.”

“우리 예은이가 팀장님 엄청 좋아하나 보네요. 누구도 공방에 데려온 적 없거든요. 팀장님 우리 예은이랑 자주 와요. 여기는 병원보다 좋은 데예요. 힐링이 되거든요.”

“예은이 따라 오길 잘했네요. 힐링이 필요하거든요, 제가.”

“역시, 내가 딱 알아봤어요.”

언니가 눈을 찡긋해 보였다.

그녀가 가고 표 사원과 나만 남았다. 정적이 흘렀다. 하지만 따스한 침묵이었다. 그 위로 아로마 향이 내려앉았다.

“팀장님 여기 잠깐 계세요. 제가 이것저것 챙겨 올게요.”

“근데 여기서 냄새나는 거 먹어도 돼?”

나는 주변을 둘러보며 걱정스레 말했다. 이런 곳에 어묵탕이라니. 어울리지 않는다고 생각했다.

“여기 벽이랑 천장은 나무로 만들어졌어요. 편백나무 아시죠? 음… 일본에서 히노끼로 알려진 거요.”

“응. 그거 온천에서 많이 쓰는 나무 아냐?”

"맞아요. 편백나무는 나쁜 냄새를 흡수해도 향이 변하지 않아요. 자기만의 향이 강해서요. 근데 또 맡아보면 진하지는 않아요. 신기하죠?"

"그러네. 향은 맡아지지 않지만 강한, 그러면서 다른 향에는 영향받지 않는… 뭔가 단단한 사람 같아."

"그죠. 역시 팀장님은 저랑 느끼는 바가 같으시네요. 전 이 통나무들이 좋아요. 이 나무들처럼 살고 싶기도 하고요. 내면에 향이든 무엇이든 가득 차 있어서 남의 말이나 시선 같은 것에 절대 영향받지 않는 사람, 통나무처럼 튼튼하고 심지가 굵은 사람. 그렇게 살고 싶어요."

"동감이야. 근데 표 사원은 다른 사람들 신경 쓰고 그래 보이진 않던데."

"솔직히 저, 사람들이 뭐라 하든 신경 안 쓴다고 온몸으로 시위하면서 누구보다 제일 많이 신경 쓸걸요. 일부러 사람들하고 교류도 안 하고 혼자 지내고 있는데도 늘 사람들 말이 두렵고 무서워요."

"나도 그래. 근데 다들 그러는 거 같아. 오늘부터 까칠하게 살겠다는 둥, 아니면 말고 식으로 살겠다는 둥 각종 정신승리들을 하잖아."

"푸하하하. 맞아요."

표 사원이 술상을 차리는 동안 나는 공방에 놓인 유리병들을 둘러봤다. 수백 개의 갈색 병이 빼곡히 놓여 있는 벽면에 눈이 갔다. 그곳에는 표 사원이 언급했던, DM산업에서 출시됐다가 단종된 퓨어 오일이 있었다. 라벤더, 베라가못, 페퍼민트, 레몬, 유칼립투스. 하나하나 영어 스펠링을 읽어보는데 아찔하다. 세상에 이렇게 많은 오일이 있구나.

"표 사원, 여기 진짜 오일 천국이다."

"퓨어 오일 보셨어요?"

"응, 이제 보니 기억나. 병 디자인이 너무 올드해서 나 홍보팀일 때 꽤나 애먹었거든."

"그때 전 연구팀에 있었는데 오일 공수에 집중하느라 디자인에는 신경을 못 썼다고 들었어요. 그리고 대표가 관심이 없어서 예산도 많이 못 잡았다고 했고요. 근데 아는 사람은 알 거예요. 순수한 오일은 다른 것들을 치유해줘요. 이 통나무가 나쁜 냄새를 제거해주듯 나쁜 생각을 없애주죠. 아, 실제로 염증 치료 효과도 있고요. 관절에도 좋은 오일이 있어요."

"플라시보 뭐 그런 거 아닐까? 약도 아닌데 치료라니."

"한 번 해보시겠어요? 제가 팀장님을 위해 족욕물을 받아놨습니다. 와서 잠깐 발을 담가보세요."

금세 공방에 뿌연 수증기가 차올랐다. 표 사원이 이끈 곳에는 작은 나무 의자와 작은 물통이 있었다. 그곳에서 어떤 향이 깊고 진하게 났다.

"이거 무슨 향이야?"

"라벤더요. 어원은 Lavare, '씻다'라는 뜻입니다."

"별걸 다 아네."

"아로마 오일 중에 가장 흔한 향일걸요."

"근데 왜 나는 처음인 거 같을까."

"생각이 많아서? 머리가 걱정으로 꽉 차있으면 향이 비집고 들어갈 공간이 없거든요."

"난 내가 라벤더 향을 좋아하는 줄 몰랐어."

"이제부터 아시면 되죠. 또 팀장님은 뭘 좋아하세요?"

"글쎄…."

주로 직장인들이 스트레스 해소용으로 한다는 운동이나 영화 보기 같은 취미도 없다. 평일엔 퇴근해 지쳐 잠들기 일쑤였고, 주말엔 평일에 못다한 잠을 한꺼번에 자느라 소파와 침대에서 뒹굴거렸다. 그나마 나를 위해 하는 것이라고는 점심시간에 하는 필라테스 정도다. 하지만 요즘엔 그것마저도 허리 통증 때문에 가지 못하고 있다. 아침 9시부터 퇴근시간 6시까지 일, 일, 일 또 일뿐이다.

"저는 힘들면 라벤다와 일랑일랑, 자스민 오일을 섞어서

마사지도 하고 족욕이나 목욕을 해요. 저를 위한 시간을 일부러 만들어서 해요. 그러면요, 그제야 진짜 제가 깨어나는 느낌이 들어요. 오일의 진짜 효능은 사실 저도 잘 몰라요. 그냥 물속에서 저를 다독여주는 거예요. 시큰했던 손목도 토닥토닥해주고, 굳었던 어깨도 조물락조물락, 귀도 만져주고, 발가락도 만져주는 거예요. 그리고 얘기해요. 고생했다, 표예은. 오늘도 잘 이겨냈어."

"왠지 눈물 나."

"팀장님, 10분 정도 발 담그고 나오세요."

3

조심스럽게 양말을 벗고 발을 담갔다.

발끝부터 차오르기 시작한 아로마 향이 콧속으로 들어오자, 자연스럽게 눈이 감겼다. 내가 이렇게 온몸에 힘을 주고 있었나 싶을 정도로 긴장된 근육들이 조금씩 풀어졌다. 머릿속을 맴돌던 권 차장의 목소리, 효자손의 행동, 회사 사람들의 시선과 표정이 떠오르다가 지우개처럼 슥슥 지워졌다. 그다음 고립된 파티션 안에 앉아 일에 허덕이며 힘들어하는 내 모습이 떠올랐다. 조금만 더 여유롭게, 조금만 더 나를 아끼면서 할 수는 없었을까.

"어떠셨어요?"

"정말 좋아. 말로 표현할 수 없을 만큼."

"팀장님, 저한테나 신 사원한테는 고생했다, 애썼다, 고맙다 하시면서 스스로에게는 한 번도 안 해보셨죠."

"응…."

"팀장님, 고생하셨습니다."

표 사원이 다가와 나를 꼭 안아줬다. 그 바람에 한참을 울고 또 울었다. 그녀는 그런 나를 말없이 토닥여줬다.

작은 앉은뱅이 탁상 위에 싸 온 안주와 술을 펼쳤다. 표 사원과 그간의 일들을 나누면서 울고 웃고 떠들었다. 좋아하는 작가 얘기, 최근에 본 영화 얘기, 사랑과 이별의 에피소드 등 모든 일이 부딪혔다가 서로 맞물렸다가 엉키면서 더 많은 이야기가 됐고 즐거움은 배가 됐다.

"저 벽에 걸린 그림들은 뭐야."

"눈치채셨을지 모르겠는데, 아까 그 언니도 아픈 딸이 있어요. 저 그림들은 〈아름다운 동행〉 식구들의 소망을 그린 거예요. 누구는 원없이 솜사탕을 먹고 싶다고, 누구는 친구랑 백설공주 성에 가고 싶다고 또 누구는 별을 보고 싶다고 그린 거예요. 저기에 저희 할머니 그림도 있어요, 한 번 찾아 보실래요?"

크레파스로 색연필로 그린 각종 그림들 사이에 볼펜 선이 뚜렷한 여자 얼굴이 있었다. 여자의 눈코입이 마치 프리다칼로의 초상화처럼 강렬했는데, 그 밑에는 이런 말이 적혀 있었다. '나는 세상에서 내가 제일 좋다.' 표 사원의 할머니라면 이런 그림을 그리지 않았을까.

"저거."

"오, 맞아요. 역시 팀장님 눈썰미 있으시네요."

"당신 얼굴을 그리신 거야?"

"네, 멋지죠."

"응. 멋있어. 그림도 글도 정말 좋아."

"저희 할머니는 암 판정 이후로 더 건강해지셨어요. 원래는 집에서 소일거리하며 지내는 분이었는데 암이 있다는 거 알고 나서는 사람들도 많이 만나시고, 안 하던 염색도 하시고, 운동도 하시더라고요. 그러다 몇 년 만에 완치 판정을 받으셨는데, 그날 할머니의 말을 기억해요. 평생을 개떡같이 살다가 정승처럼 죽을 수는 없다. 이제 개떡같이 안 산다! 정승처럼 살 거다!"

"하하하. 진짜 멋있는 말이다. 맞는 말이지. 잘 살아야지."

"잘 사는 거, 근데 전 아직 그게 뭔지는 모르겠거든요."

"나도 그건 잘 모르겠다. 성공하는 거? 아님 각자의 꿈을 이루는 거? 할머니는 뭐라셔?!"

"네 인생에서는 네가 찾는 모든 것이 정답이다!"

"와, 그 말이 정답이네. 할머니 멋지다."

"그런데 왜 팀장님은 저에게 아무것도 묻지 않으세요?"

"뭘?"

"왜 할머니 얘기만 하는지, 엄마 아빠는 없는지, 남자친구는 있는지."

"그걸 묻지 않아도 할 말이 많으니까. 회사에서 사람들이 그런 걸 왜 물어보는 줄 알아? 할 말이 없어서거든."

"왜 없어요. 자기가 좋아하는 것, 잘하는 것, 여행 간 얘기, 읽은 책 얘기…."

"그게 없지. 나만 해도 없거든. 표 사원은 아니잖아. 공방과 아로마 오일만으로도 표 사원의 이야기는 차고 넘치니까."

"저도 사실 예전엔 저만의 얘기가 없었어요. 할머니의 투병생활을 옆에서 지켜보면서 바뀐 거예요. 제가 오일을 좋아하게 된 것도 할머니 덕분이거든요. 할머니가 병과 싸우는 동안 제가 하는 모든 고민이 전부 부질없다는 걸 알게 됐어요. 어차피 아파 죽으면 혼자 죽는 거잖아요. 남이 대신 죽어

주거나 아파해주지도 않는 거고요. 제 고민부터 들여다봤어요. 이 걱정들이 어디에서 왔나 봤더니 다 외부에서 온 거더라고요. 내가 나에 대한 판단이 없으니 남이 하는 말을 내 생각인 걸로 착각해서 그대로 믿고 있었던 거예요. 이젠 아니에요. 지금은 사람들이 수군댈 때마다 생각해요. 그래, 실컷 떠들어라 난 1도 관심 없다 하고요. 그다음엔 난 그래도 너네보다 조향에 대해 많이 알아, 너네보다 엑셀도 잘해 하면서 자신 있는 걸 떠올려요. 웃기죠? 근데 진짜 우스운 건 이런 저에 대한 자질구레한 믿음이 생각보다 절 강하게 해주더라고요."

술잔은 계속 오갔고, 안주는 깨끗이 비워졌다. 뜨끈한 온기에 몸이 노곤해졌다. 그러다 그만 깜빡 잠이 들고 말았다.

4

꿈속에서 나는 울고 있었다.

아무도 없는 텅 빈 사무실에 혼자 서서 엉엉 큰 소리로 울었다. 그때 작은 창문 하나가 흔들리더니 문이 열렸다. 깜깜한 밤하늘 저 멀리서 노란 별 하나가 반짝이더니 창문 안으로 쏙 날아 들어왔다. 별은 나비처럼 사뿐사뿐 날아 잠시 주변을 배회하다 손등 위에 살포시 앉았다. 별이 물었다.

'넌 뭘 좋아해?'

'너무 어려운 질문이야.'

'어렵지 않아. 질문을 해본 적이 없을 뿐이야. 너의 별에게 한번 물어봐. 뭘 좋아하냐고.'

'별? 나한테 그런 건 없어.'

'그럴 리가. 인간은 태어날 때부터 별을 갖고 태어나.'

'정말?'

'몰랐어? 이제라도 알았으니 물어볼래? 나처럼 두 팔로 스스로를 안아 천천히 쓰다듬으며 물어봐줘야 해. 이렇게.'

별이 양팔을 둥글게 말아 자기를 안았다. 그러자 더 밝은 빛이 별의 한가운데서 뿜어져 나왔다. 그 빛이 너무 눈이 부시고 탐이 나 별을 움켜쥐었다.

'너를 안아주라니까, 또.'

'예쁜걸 어떡해.'

'난 어차피 사라져. 이거 봐. 나를 잡는 동안 네 별은 사라져버렸잖아.'

별의 말대로 손으로 움켜쥐었다고 생각했던 별빛은 순식간에 사라져버렸다.

꿈에서 깼다.

눈앞에는 식어버린 어묵탕과 술병들이 널려 있었다. 공방 벽에 꿈에서 본 듯한 별 그림이 보였다. 아픈 누군가는 저 별을 그리면서 소원을 빌었을 것이다. 자신의 건강 아니면 사랑하는 사람의 건강. 나는 그들이 원하는 것을 갖고 있으면서 내 안이 아닌 바깥에서 행복을 찾고 욕심을 냈다.

표 사원이 내 옆에 나란히 쪼그린 채 자고 있다. 시계를 보니 벌써 아침 7시다. 오랜만의 깊은 잠이었다. 나는 표 사원을 깨워 같이 해장을 하고 출근할 생각을 했다. 웃음이 났다.

친한 친구와 연애 상담에 밤을 꼴딱 새던 스무 살 때가 떠올랐다. 사랑이 세상의 전부인 때였다. 지금 내 세상의 전부는 일이다. 이제는 그 일부를 나를 위해 써야겠다는 생각이 들었다. 함께해줄 동료와 후배가 있다는 것에 힘이 났다.

위.계.질.서.

1

팀장 회의가 있는 아침은 늘 정신이 없다.

특히나 오늘은 팀장들 앞에 서는 날이다. 나는 또 아침부터 긴장감과 불안감에 화장실을 들락날락하고 있었다.

"팀장님."

권 차장이 자리로 들어오는 나를 부르며 다가왔다. 다그닥 다그닥. 예민한 날인 만큼 그의 구두소리가 몹시 거슬렸다. 또 무슨 꿍꿍이일까 싶어 생각이 많아졌다.

"어제 행사 잘했어요?"

"네, 팀장님께서 배려해주신 덕분에 잘 끝났습니다."

"고생했겠네요."

"뭐, 연례행사인데요. 저기 여쭤볼 게 있는데요. 다름이 아니라 팀장 회의 오늘 있지 않습니까?"

"그죠."

"거기에 제가 참석하는 거를…."

"참석하고 싶다고요?"

"아, 예. 어제 최 실장님 옆에 앉았는데 제가, 저희가 진행하는 팝업스토어 건을 설명드리면서 이 아이디어가 앞으로 어떻게 발전되고 진행되는지 프로세스가 궁금하다 그랬더니 팀장 회의에서 논의하기로 했으니까 참석해서 얘길 들어보라고 하셔서요."

"아… 그래요. 그럼 같이 들어가요."

"넵, 감사합니다!!"

나는 권 차장의 태도가 단순 호기심이나 일에 대한 열정이 아니라는 직감이 들었다. 왜 팀장급 회의에 자신이 참석하려는지 모를 일이다. 차라리 이제는 소리라도 지르고 싶었다. 그렇게 팀장 하고 싶으면 네가 해라, 그냥!

"근데 왜 사무실에서 슬리퍼 안 신어요?"

"네?"

"아니… 구둣발 소리가 요란해서. 슬리퍼로 갈아 신지 않는 이유가 있나 해서요."

짜증이 한계에 달하니 그의 구두에도 트집을 잡는다. 권 차장의 미간이 확 찌푸려졌다.

"이따 바로 회의에 들어가려고요. 다녀와서 벗겠습니다."

기분 나빴을 것이다. 나라도 그랬을 것이다. 괜한 구실이라는 것을 아니까. 하지만 나도 인간이다. 팀장이 팀원 싫어할 수도 있지. 팀장 무시하는 팀원에게 이 정도는 할 수 있지 않나, 뭐?

'오늘 팀장 회의에서 각 부서별 팀장님들께 우리 TF 관련 내용을 공유하고 부서별 업무 협조를 구할 예정입니다. 자료 보고 의견 있으면 주시겠어요?'

나는 먼저 팀장 회의용 자료를 팀원들에게 공유하며 의견을 구했다. 표 사원과 신 사원이 꼼꼼히 체크해줬다. 내가 놓치고 있는 부분, 타 부서의 상황이나 정확한 용어 등을 짚어주기도 했다. 팀원들의 존재가 든든했다. 나는 모르지만 팀원들은 아는 것, 나는 알지만 팀원들은 모르는 것이 대화를 통해 공유됐다. 이제 나와 팀원 모두가 모르는 부분만 체크하면 된다.

'권 차장님은 혹시 의견 없어요?'

'넵, 없습니다.'

나는 최종 회의자료를 수정했다.

'팀장님, 파이팅입니다!'

'팀장님들이 협조 잘 해주셔서 빨리 진행했으면 좋겠네요!'

팀원들이 응원의 이모티콘을 보내며 힘을 실어줬다.

팀장들이 하나둘씩 모이기 시작했다. 나는 문 앞에 서서 선배 팀장들에게 한 명 한 명 인사를 건넸다. 늘 쑥스러움이 많고 행동할 줄 몰랐던 나였지만 이제는 아니다. 내 뒤에는 세 명의 팀원이 있으니까. 그런데 인사하는 내 앞으로 권 차장이 슬그머니 들어왔다. 오자마자 팀장들과 살갑게 일일이 인사를 나누었다. 아니다, 내 뒤에 있는 세 명 말고, 두 명으로 하자.

"안녕하세요, 오늘 회의에서는 미리 공지드린 바와 같이 업무 협조를 부탁드리려고 합니다. 저희 TF팀에서 진행될 팝업스토어 건과 관련된 것인데요, 이를 위해 제가 각 부서별 업무 분장 사항을 간략하게 작성했습니다. 책상 위에 놓인 자료 보시고 말씀 주시면 감사하겠습니다."

이제는 조금 사람들 앞에 나서는 것이 편해졌다. 다른 팀장만큼 수려한 발표력은 아니지만 이만하면 됐다. 팀장들이 부스럭거리며 자료를 들여다봤다. 그때였다.

"팀장님들, 잘 부탁드리겠습니다. 저희가 어렵게 준비한 사업입니다. 꼭 도와주시면 감사하겠습니다."

권 차장이 벌떡 일어나 고개를 숙였다. 아, 권 차장 이러려고 참석한다는 거였어? 그래, 이 정도는 방해가 안 되는 선이니 오케이다 하는 찰나였다. 마케팅팀장이 쓰읍 소리를 냈다.

"오프라인 매장 여는 거면 우리 팀 김 VMD가 절대적으로 필요할 텐데, 현재 진행되고 있는 오픈 건이 있어요. 그래서 TF팀을 도와주기가 힘들지 않을까…."

상황을 설명하려는 찰나 권 차장이 말을 받았다.

"에이, 잘 좀 부탁드립니다, 팀장님. 그 실력 좋고 명성 높은 김 VMD이신데, 동시 진행도 무리 없지 않을까요."

"아뇨. 그건 뭘 몰라서 하는 소리고요. 현실이 그렇다고요. 스케줄상 불가능합니다. 진 팀장 얘기 들으니까 아직 컨셉도 안 정해진 거 같은데… 자, 그러면 이렇게 합시다. 시간이 좀 있으니까 김 VMD가 기존 건 진행하고 나면 바로 TF 건에 투입될 수 있도록 말해둘게요."

"네, 감사…" 하려는데 권 차장이 또 나선다.

"컨셉, 이미 정했습니다. 저희는 우리 DM산업의 역사를 보여주는 형태로 운영할 겁니다. 이미 공장에 컨택해서 제품들은 확보되고 있는 상태고요."

권 차장이 이야기하고 있는 컨셉은 최 실장이 반려한 것이다. 그런데 그것을 결정 사항이란다. 그것도 팀장들에게 브리핑을 하고 있다? 브레이크를 밟아야 했다.

"아, 아닙니다. 권 차장, 그거 아니에요."

"아니라니요?"

"실장님이 반려하셨어요."

"어? 어제 제가 말씀드렸는데?"

"무슨…."

"제가 어제 골드나이트에서 실장님께 보고드렸는데, 첨엔 별로라고 하시더니 얘기를 듣고 보니 좋은 거 같다며…."

"그게 무슨 말이에요."

"그리고 이미 절반 이상 진행됐잖습니까. 제가 공장장님들하고 컨택 끝났다 말씀드렸고요."

난 당황해 말을 잇지 못하고 있었다. 아이디어가 반려됐다는 사실을 권 차장에게 공유하지 않은 것은 내 실수였다. 하지만 지금까지 행사 참여로 팀 업무에서 빠졌던 권 차장이 진행 사항을 업데이트 없이 팀 외부에 공개한다는 것이 이해되지 않았다. 그것도 실장한테 보고를 했다고? 패싱이다. 내가 선을 넘지 말라고 화를 냈는데도 그가 또 나를 건너뛰었다. 숨이 막혀왔다.

그때였다.

2

"권 차장 지금 뭐 하는 거야?"

소리 나는 쪽으로 고개를 돌렸다. 예상치 못한 하지만 익숙한 목소리, 효자손이었다.

"네?"

"진서연이 너희 팀장 아닌가?"

"…"

"어제도 내가 살짝 느꼈는데, 최 실장이 너 좀 예뻐한다고 눈에 뵈는 게 없어?"

"아, 아닙니다. 죄송합니다."

열댓 명의 팀장들이 차갑게 얼어붙었다. 효자손이 의자를 뒤로 길게 뺐다. 끼익 하는 소리에 권 차장이 움찔댔다.

"너, 내가 조직에서 가장 중요한 게 뭐라고 했어."

"…죄송합니다."

"아니지, 아니지. 물어본 거에 대답을 해. 중요한 게 뭐라고 했지? 내가 너 입사했을 때 몇 번이나 복창시킨 거 같은데."

"…죄송합니다. 모르겠습니다."

"그럼 따라 해. 위."

"위."

"계."

"계."

"질."

"질."

"서."

"서."

"그래, 위계질서. 근데 너 지금 하는 꼬락서니가 질서고 뭐고 없는 거 같네."

"죄송합니다."

"죄송한 게 아니라니까. 너 지금 길게 늘어진 줄, 차례 무시하고 중간에 새치기했다고, 건방지게."

"…"

"끼어들고 싶으면 뭐가 필요한 줄 알아? 너 놀이공원 가봤어?"

"네."

"가면 매직패스 뭐 그런 게 있어. 줄 안 서고 타고 싶은 사람은 돈을 더 내라, 이거거든. 돈 있는 사람은 시간도 돈으로 살 수 있다는 거지. 바로 자본주의 사회의 논리. 이해했어?"

"네."

"그럼 회사에선 어떤 논리가 있을까? 선배들 쳐내고 앞서는 매직패스를 갖고 싶다, 그러면?"

"…"

"몰라? 내가 가르쳐줄게. 실.력. 그리고 성과가 선배보다 뛰어나야 한다, 이거지. 이해했어?"

"네."

"근데 너 진서연보다 일 잘해?"

"…아, 아닙니다."

"아닌데 감히 팀장을 새치기하네? 어제는 내 앞에서 최 실장 술잔 받고 애교 떨고 갖은 애를 쓰더만. 그렇게 상사한테 눈도장 찍고 싶으면 실력을 키워. 지금처럼 선배들만 있는 회의에 주제넘게 끼지 말고, 앉아서 보고서 쓰는 연습이나 하라고. 이빨로 펜 이길 생각하지 말란 뜻이야."

저게 바로 최 실장이 말한 카네기의 설득법인가. 지금 효자손은 권 차장이 반박할 수 없는 논리로 그의 행동과 태도가 잘못됨을 지적하고 있다. 악인에게도 배울 점이 있다더니 나는 효자손의 말에 속으로 무진장 감탄했다. 더군다나 효자손이 내 편을 들었다?! 그것도 나보고 일을 잘한다고까지 했다. 밑에 있을 때는 문서를 발로 쓰네, 머리는 장식이네, 갖은 막말을 다 하더니 세상에 이런 일이. 역시 사람은 오래 볼 일이라더니 그가 변했다!

"그리고 너 진서연, 회사에 연애하러 왔냐?"

"네?"

"뭇 남성들에게 사랑받고 싶은 원대한 꿈이 있으신가 해서 말야. 사람들에게 관심받고 좋은 사람이란 소리 듣고 싶으면 그냥 회사원 하지 말고 연예인을 해. 팀장쯤 됐으면 후배 기강 똑바로 잡아야지. 왜 권 차장한테도 예쁜 선배, 사랑스런 선배 뭐 그런 소리 듣고 싶은 거야? 권 차장이 저렇게 날뛰는 거 다 네 책임이야. 인간은 누울 자릴 보고 눕는 법이거든. 네가 흐리멍덩하니까 쟤가 저러는 거 아냐."

아니구나. 사람은 안 변한다더니 맞네, 맞아. 그럼 그렇지. 그런데 이번에 효자손의 말이 좀 다르게 들린다. 그래, 내 책임 맞다. 팀원의 도발은 팀장의 무능이다. 권 차장과 효자손은 위계질서에 따라 움직이는 사람들이다. 나는 그걸 알면서도 그에게 당당하게 질서를 지키라는 요구를 하지 않았다. 아니 못했다. 나는 위계질서에 대해 인간의 창의성을 죽이고, 혁신을 방해하며, 근로의욕을 없애는 병폐이자 암적 존재라고만 생각했기 때문이다. 하지만 아니었다.

적절한 위계는 모래알처럼 흩어진 팀원을 하나로 모이게 하는 역할을 한다. 책임자를 명확히 하고, 각 팀원의 역할을 분명히 하기 때문에 한 명의 낙오자도 없이 팀 전체의 목표를 향해 달려갈 수 있게 하는 것이다. 위계 없는 팀의 바퀴는 돌아가지 않는다. 내가 앞장서 운전대를 잡아야 했다. 그간 나는 운전을 잘하는 사람이 운전하는 것이 맞지 않겠냐며 방치한 것이나 다름없었다. 명확한 책임 방기다.

회의는 끝이 났다. 다행히 마케팅팀장을 제외한 팀장들은 적극 도와주겠다며 독려해줬다. 나는 선배들에게 꾸벅 감사의 인사를 하며 기분 좋게 회의를 마쳤다. 단, 권 차장만은 예외였다. 그는 회의가 끝난 후에도 자리에 멍하니 앉아 있었다. 평소와는 다른 분위기의 권 차장 때문에 팀 분위기도 무겁게 가라앉았다.

'무슨 일 있었어요?'

단톡방 알림이 깜박였다.

권 차장이 오기 전, 표 사원과 신 사원 셋이 만든 방이었다.

'아… 전략팀장한테 좀 깨졌어요.'

'헐, 왜요?'

'음… 회의에서 권 차장이 전시회 아이디어를 최종이라고 얘기했거든요. 그거 실장이 반려했잖아요, 생각해보니까 그때 자리에 없어서 내가 따로 말을 못해준 거 같아. 그게 확정이네 아니네 하면서 권 차장이랑 내가 좀 그랬는데 나 팀장 눈에 거슬린 거죠, 뭐….'

'엥? 그거 제가 말씀드렸는데요. 다른 아이디어 가져오라고 했다고 팀장님이 말씀하시자마자 카톡으로 공유드렸어요. 그래서 공장장 컨택 건도 스톱한 걸로 알고 있는데.'

'뭐야, 거짓말인 거야? 왜? 나 엿 먹이려고?!'

'제 생각에는 권 차장님이 그 아이디어를 밀고 나가고 싶어 하신 듯해요. 엄청 실망하셨거든요. 아, 맞다. 본인이 실장님을 설득해보겠다고 하기도 했어요.'

'그럼 실장님이 설득된 걸까요. 이따 실장님께 확인해봐야겠네요.'

'그나저나 나 팀장님이랑 권 차장님 꽤 친하지 않나요. 다른 사람도 아닌 나 팀장님한테 찍힌 거니 마상 크게 입으셨을 듯.'

나는 실장에게 바로 확인 전화를 걸었다. 실장은 권 차장과의 술자리 대화를 전혀 기억하지 못하고 있었다. 반려시킨 아이디어에 대해 물으니 내가 기억하고 있는 그대로다. 심지어 전화를 끊기 전에 또 한 번 강조했다. '공감과 진심의 아이디어를 내라.'

"식사 안 가세요?!"

신 사원이 부스스 일어나며 물었다.

"벌써 점심시간 다 됐네. 난 오늘 선약. 맛점하세요."

3

더 이상 권 차장과 관련된 일은 생각하고 싶지 않았다.

또 큰 두통이 몰려오고 있었다. 이번엔 거대한 파도처럼 밀려왔다. 타이레놀을 삼켰다. 12시가 겨우 지났는데 벌써 세 알 째였다. 오늘만은 혼자 시간을 보내고 싶었다. 가방을 챙겨 택시를 타고 조금 떨어진 곳에 가기로 마음먹었다. 선약 따위 없었다. 아무 생각 없이 돌아다니고 싶었다.

그곳은 경리단길에 이은 '리단길' 열풍을 이어받은 핫플이었다. 평일 낮인데도 거리와 상점 곳곳에 사람들이 많았다. 셀프 사진을 찍는 사진관부터, 옷가게, 식당, 빵집, 카페 등등 가지각색의 간판을 단 가게들이 독특한 인테리어 감성을 뽐내고 있었다. 사람도, 건물도, 거리도 모두가 밝고 빛이 났다. 나만 예외였다.

회사에서 벌어지는 모든 일들이 버거웠다. 끊임없이 생겨나는 이슈와 거칠고 낯선 타인의 말이 오랜 시간 머리를 흔들고 가슴을 아프게 했다. 오늘따라 만병통치약인 타이레놀도 듣지 않았다.

다른 약을 사 먹어야 하나 싶어 약국을 찾아 두리번거렸다. 저 멀리 약국 표시가 있는 것 같아 발길을 돌렸다. 요즘

엔 약국도 병원도 카페처럼 꾸며 놓은 통에 찾기가 쉽지 않았다. 그러다 한 가게 앞을 지나가는데 표 사원과 갔던 공방에서 나던 향기와 비슷한 향이 코끝에 걸렸다. 걸음을 멈추고 보니 작은 책방이다. 나는 홀린 듯 그곳으로 들어갔다.

띠링 하고 가벼운 종소리가 났다. 예상치 못한 소리에 화들짝 놀랐지만 그 안의 어느 누구도 나를 알은체하지 않았다. 가게 바닥에 앉은 까만 고양이만 고개를 들어 야옹 소리를 냈다.

수백 권의 책이 가지런히 이곳저곳에 진열되어 있었다. 책이 뿜어내는 기운과 은은한 아로마 향이 사람들을 위로하는 듯했다. 천천히 주변을 둘러보았다. 가끔 새로운 자극이 필요해 찾는 대형 서점의 화려한 진열대와 굿즈, 조명은 없다. 하지만 그곳에는 낭만 같은 것이 있었다.

'존버하는 삶'이라는 문구가 걸려 있다. 존버라니, 말의 가벼움과 키치함에 웃음이 났다. 그 밑에 있는 책에 눈이 갔다.

죽고 싶지만 떡볶이는 먹고 싶어

힘을 낼 수 없는데 힘을 내라니

나를 사랑하지 않는 나에게

한두 장을 넘겨봤다. 슬프다, 죽고 싶다, 우울하다, 땅이 꺼지는 느낌이다라는 문장들이 곳곳에서 튀어나왔다. 이렇게 슬픈 책이 일본과 미국에서 몇 십만 부가 팔렸단다. 세상에 마음이 아픈 사람이 이렇게 많다니. 그 자리에 서서 책을 정독하기 시작했다.

'어두운 면을 드러내는 건 내가 자유로워지는 방법이다'라는 문장을 몇 번이고 봤다. '내가 알지 못하는 세계는 점점 길어지고 깊어진다'라는 문장은 두세 번 읊조렸다.

완벽한 팀장이 되고 싶었다. 그래서 팀원들에게 나의 부족한 면, 나의 고민, 나의 실수 등을 보여주지 않으려고 혼자 끌어안고 끙끙댔다. 일 잘하는 사람이 되고 싶어서 고통스러운 나에게 두통약으로 임시처방을 내리고 스스로 혹사시켰다.

책은 말하고 있었다. 삶은 늘 마음대로 되지 않는다고, 그 어떤 인간도 완벽하지 않다고, 완벽이란 것 자체가 세상에는 없다고. 그러니까 오늘 하루 열심히 살았으면 그걸로 된 거라고. 완벽하지 않아도, 바보 같고 실망스러워도 있는 그대로의 나를 사랑해주라고. 나를 사랑해줄 사람은 결국 나 자신밖에 없으니까. 남을 생각할 시간에 나, 오로지 나를 생각하라고.

코끝이 시큰해졌다가 웃음이 났다가 눈물이 차올랐다가

가라앉는 등 감정이 소용돌이쳤다. 나는 그 자리에서 세 권을 후루룩 다 읽었다. 에필로그까지 읽고 나니 누군가와 이야기를 나누고 싶어졌다. 주변을 둘러보니 모두 각자의 책에 삼매경이다. 그때였다.

'식사는 챙겨 드시는 거죠? 왠지 팀장님 밥 안 먹고 혼자 울고 계실 거 같은 느낌적인 느낌.'

표 사원이었다. 그래, 나에겐 밥 걱정해주는 팀원도 있다! 눈치도 빨라, 내가 혼자 있을 줄 어찌 알았대.

책 세 권을 집어 들었다. 내 것, 표 사원 것, 신 사원 것. 계산대로 가서 카드를 꺼내려던 찰나였다. 직원 뒤 창 너머로 낯익은 인물이 지나갔다.

권 차장이다. 어림잡아도 180센티미터의 장신인 권 차장이다. 그런데 오늘은 웬일인지 170센티미터도 안 되어 보인다. 몸을 말아 천천히 굴러가는 돈벌레처럼 고개는 숙이고 어깨는 안으로 구부렸다. 효자손의 지적이 그 강철 같은 권 차장에게도 충격이었던 모양이다.

통쾌했다. 나와 대거리하던 그를 회의실에서 효자손이 대신 맞서 눌러주었을 때 고소하다고 생각했다. 그런데 그때뿐이었다. 지금 나는 마음이 불편했다. 그것도 아주 많이.

"이거 한 권 더 살게요."

또 나를 패싱하거나 건방지게 굴면 안 줄 거야. 하는 거 봐서 결정할 거야. 아직 용서한 거 아니라고!

사무실로 돌아와 자리에 앉으니 한결 몸이 가벼웠다. 하루 정도는 회사를 떠나 다른 곳, 다른 환경에서 충전하는 것도 나쁘지 않다는 생각이 들었다. 팀원들에게 줄 선물도 사고 나니 마음도 가볍다.

팀원들이 사무실에 들어오면 각자에게 책을 줄 것이다. 권 차장은 아직 미정.

그때 전화가 울렸다. 서 팀장이다.

"네, 선배. 식사하셨어요?"

"야, 대박. 대에박."

"뭐 급한 일 있어요?"

"사무실? 잠깐 나와서 전화받아봐."

"무슨 일인데요."

"대박, 대에박."

아니, 이렇게 호들갑 떠는 서 팀장이 아닌데 무슨 일이야.

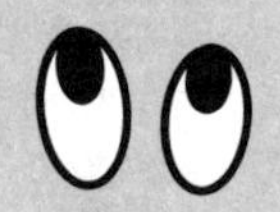

너도 나도
완벽하지 않아

“나왔어요, 뭔데요?”

“너네 권 차장, 어디 아파?”

“네? 아…뇨. 아픈 거 모르겠는데.”

“박 대리가 오늘 송리단길 갔다가 권 차장을 봤는데, 정신과에서 나오더라는 거야.”

“네? 정신과요?”

“어, 그래서 잘못 본 거 아니냐고 했더니 그렇게 덩치 큰 남자를 어떻게 몰라보냐고.”

“아닐 수도 있죠, 뭐.”

나도 봤다. 하지만 내가 본 권 차장은 작았으니 박 대리가 잘못 봤을 수도 있다.

"권 차장 특이한 구두 신잖아. 그 구두 신은 사람 찾기 쉽지 않을걸."

"그…건 그렇죠."

"무튼. 난 맞다고 봐. 요즘 힘들다고 인사팀도 찾아가고 했잖아. 그땐 엄살인 줄 알았는데 진짠가 봐. 너네 팀원 일인데 너도 알아야 할 거 같아서 듣자마자 바로 전화했지."

"아… 정신과라니 생각도 못했네요. 근데 선배, 이거 너무 사적인 거라 좀 그런데…."

"안 그래도 내가 박 대리한테 신신당부했어. 어디 가서 얘기하지 말라고. 나도 너한테만 말하는 거고. 입조심해야지. 회사에 소문나봤자 좋을 거 없으니까. 워낙 외향적이고 사람들하고 잘 지내서 그런 문제를 겪고 있는지 몰랐는데…."

"흐음… 다른 거 때문일 수도 있죠, 뭐. 정신과에서 나온 게 꼭 그런 문제 때문은 아닐 수 있고, 요즘 뭐 흠도 아니고요."

"그런데 회사에서는 그렇게 안 받아들일 거란 말이지. 분명 말이 나올 거야."

서 팀장과의 전화를 끊고 사무실에 돌아왔다. 아직 권 차장은 돌아오지 않았다. 나는 착잡한 심정으로 자리에 앉았다. 나와의 트러블, 효자손의 지적, 그 모든 것들이 권 차장에게 고통을 주었을까. 나의 행동을 곱씹어도 봤다. 소리를 지르고 화를 냈다. 하지만 나는 그가 조금이라도 성장했으면 하는 마음에 편지까지 썼다. 누가 나에게 손가락질한다면 나로서는 최선을 다했다며 변명할 말은 있었다.

'팀장님, 들으셨어요?! 대에박. 권 차장님 정신과 다니신대요!'

신 사원의 카톡이었다. 권 차장까지 있는 단톡방이었다. 급하게 메시지가 삭제됐다. 아마 신 사원은 권 차장이 없는 방인 줄 착각했을 터였다. 권 차장이 봤을까. 걱정됐다.

그때였다.

"이야, 너 내가 몇 마디 했다고 병원까지 다니냐?!"

효자손이었다. 막 사무실로 들어오는 권 차장을 향한 말이었다. 권 차장의 얼굴이 사색이 됐다. 주변에서 웅성거리기 시작했다. 나는 본능적으로 벌떡 일어났다. 무엇이라도 해야 했다. 이 끔찍한 상황에서 그를 끄집어내야 할 것 같았다.

빠른 걸음으로 다가갔다. 나는 권 차장과 효자손 사이에 우뚝 섰다. 효자손과 눈을 마주쳤다. 단 한 번도 그의 눈을 본 적이 없었다. 하지만 내 팀원을 내가 지켜야겠다는 생각이 나를 변하게 했다.

"팀장님, 오해가 있으신 거 같은데요. 저희 팝업스토어 컨셉을 잡고 있는 중인데, 요즘 소비자들의 고민과 마음의 병 같은 걸 다뤄보려고요. 우울증이나 강박증, 스트레스 같은 증상에 대한 디테일한 정보가 필요해서 권 차장에게 정신과 의사에게 자문을 구해보라고 했어요."

이게 무슨 소리야. 스스로도 놀랐다. 준비도 하지 않은 말을 술술, 그것도 거짓말을 이렇게 자연스럽게 한다고? 효자손 앞에서?

"아, 그래에? 그렇담 내가 잘못 안 거네. 난 또 권 차장이 정신과 같은 데 드나들면서 선배들이 괴롭혀서 공황장애가 왔다는 둥, 우울증이 왔다는 둥 헛소리할까 봐 미리 경고하려고 했지. 알잖아. 예전에도 그런 시건방진 놈이 있었거든. 예상대로 잔꾀는 안 통했고 말야."

"예, 팀장님. 잘 알고 있죠, 그때 그 사람과 우리 권 차장은 달라요. 팀장님이 더 잘 아시잖아요."

"우리 권 차장? 흥. 그래, 뭐. 너네 권 차장이지. 그러니까 권 차장 간수 좀 잘할래?"

"네, 팀장님. 제가 잘해보겠습니다."

멍하니 서 있는 권 차장의 팔을 잡아끌었다. 아무 말하지 말고 따라오라고 눈을 찡긋 코를 찡긋하니 순순히 따라온다.

2

나는 권 차장을 회의실로 들여보냈다.

그리고 같이 들어가 문을 잠갔다. 탁 하고 문걸이 소리가 나자 권 차장이 힘이 빠진 듯 의자 위로 주저앉았다. 그러고는 얼굴을 파묻는다. 나는 그에게 무슨 말을 해야 할지 몰라 가만히 옆에 앉아 있었다. 5분 정도 지났을까. 권 차장이 천천히 고개를 들었다. 그의 눈이 빨갛게 충혈되어 있었다.

"팀장님…."

"어… 권 차장 말해요. 아, 내가 아까 말한 건 그냥 권 차장이 곤란해 보여서…."

"죄송합니다."

"응? 아냐. 뭐가 죄송해요."

"진짜 다 죄송합니다."

세상을 다 잃은 표정인 성인 남자를 처음 봤다. 나는 내 앞에 앉은 이 사람을 어찌해야 하나 싶어 곤란했다. 휴지 몇 장이라도 뽑아와 금방이라도 뚝뚝 떨어질 것 같은 눈물을 닦으라며 손에 쥐어줘야 하는 것인가 싶을 때 그가 입을 뗐다.

"이제 회사에서 저 병원 다니는 거 소문 다 난 겁니까?"

"아… 아닐 거예요. 그냥 음, 내가 아까 말한 것처럼 그렇게 말씀하시면 되죠. 더 당당하게 하셔야지 안 그러면 진짜 의심받을 수도 있지 않겠어요. 아… 의심은 아니네요. 병원 다니는 게 무슨 죄지은 것도 아니고요…"

"소외되는 기분이었어요."

"네?"

"팀원들은 다 팀장님 잘 따르는데 제 말은 잘 듣지도 않고 팀장님은 절 미워하시는 거 같고…."

"그럴…리가요."

당연히 밉지. 너라면 안 미웠겠니.

"저 빼놓은 단톡방이 있다는 거 진즉에 알긴 했거든요."

"단톡방?"

"네, 아까도 울리던데."

"아? 그거?"

뭘 이런 걸로 싶다. 세상에서 영향력 있고, 대단하고, 크고 좋은 것만 뽐내던 허세의 왕, 권 차장 아니던가. 의외의 모습이다.

"의사 선생님이 제가 너무 힘들어하니까 회사에서 있었던 일을 다 말해보라고 하더라고요. 하나하나 말씀드렸더니, 의사가 그래요, 제가 인정욕구가 너무나 강하대요. 삶의 기준이 내 안에 없고 타인의 말이나 행동 그러니까 칭찬이나 보상 같은 거에 있다고요. 타인에 대한 의존도가 너무 강하대요."

"권 차장 인정받고 있잖아요. 사내에서 실력도 인정받아서 최 실장님 신임도 얻고 있고요."

"아닌 거 같아요. 인정받으려고 열심히 발버둥은 치고 있는데 하아… 잘 안 되네요. 팀장님은 어떻게 하세요? 이럴 때 어떻게 하실 거 같으세요?"

그가 나에게 물음표를 던졌다. 좋은 기회였다. 나는 솔직한 생각을 다 털어놓을 참이었다.

"나한테 뭐가 제일 중요하냐고 누가 물으면 난 권력과 친교 중에 친교를 택할 거예요. 나는 누구 위에 서는 것보다 동료들하고 같이 편하고 즐겁게 지내는 게 중요하거든요. 근데 권 차장은 권력욕이 크잖아요. 인정받고 싶고 승진하고 싶어 하니까요. 그런데 얘기 들어보니 친교욕구도 있네요, 나처럼. 그래서 무리가 되는 거 아닐까 하는 생각이 들어요."

"그런…가요."

"냉정하게 말할게요. 한 가지만 하세요. 권력을 얻고 싶으면 남들이 하는 말, 소문, 평가 신경 쓰지 마시고요. 친교를 하고 싶으면 권력을 얻겠다고 동료의 뒤통수를 치거나 말을 지어내거나 기 싸움을 하거나 하면 안 되죠."

나는 그가 권력을 택한다면 더 이상의 친교는 기대하지 않을 작정이었다. 대신 팀장으로서 그의 권력욕에 의해 피해받을 수 있는 내 팀원들과 나를 지키는 방법을 찾아야 했다.

"저는 권력을 얻고 싶었습니다. 그게 맞다고 생각했고요. 그런데 그럴수록 권력은커녕 주변에서 신뢰도 잃었어요. 팀장님도 절… 신뢰 안 하시는 거 같고."

"차장님은 신뢰가 뭐라고 생각해요? 어떻게 해야 신뢰가 쌓이는 거라 생각해요?"

"그야 같은 편이라는 마음이 들어야…."

"신뢰는 은행 같은 거예요. 같이 대화하는 시간, 서로의 생각을 나누는 횟수와 과정에 따라 은행에 돈이 쌓이듯 차곡차곡 쌓이는 거죠. 우리 만난 지 얼마 안 됐잖아요. 그러니까 신뢰가 쌓일 상황이 없었어요. 그러니 난 권 차장님의 말과 행동을 오해할 가능성이 높죠. 권 차장님도 나에 대해 오해를 하고 있다고 생각해요. 하지만 시간이 지나고 우리가 커뮤니케이션할 기회를 여러 번 갖게 되어 신뢰가 쌓이면 그때는 굳이 말하지 않아도 서로를 이해하게 될 거예요. 내가 어떻게 40년 가까이 남으로 살아온 차장님을 이해할 수 있겠어요. 차장님, 나 이해해요?"

"아… 아뇨."

"나 팀장님이나 최 실장님도 마찬가지일 거예요. 너무 급하게 마음먹지 말고, 상대를 이해하려 하고 맞춰가보세요. 그게 하급자로서 상급자의 신뢰를 얻기 위한 방법이니까."

"후배한테는요? 신 사원과 표 사원 둘 다 절 신뢰하지 않잖아요."

"후배는 뭐 다를 거 같아요? 그들도 계급장 떼면 다 같은 사람 아닌가. 내가 시키는 일 받아서 하고, 밥숟가락 차려주고, 명령에 복종하는 자리가 아니에요, 후배는. '까라면 까'는 전시 상황에서나 통하지 지금 여기 있는 사람들은 오랜 시간 같이 부대낄 동지들이잖아요."

"하아… 후배들이 왜 팀장님을 따르는지 알 거 같네요."

"날 따른다고? 전 그렇게 생각 안 해요. 나는 매일 팀원들과 관계하면서 고민하고 걱정해요. 차장님 눈에 그렇게 보였다면 다행인데, 아직 전 확신이 없어요. 이 친구들이 날 팀장으로 믿어주는 건지… 그리고 권 차장도…."

"전 팀장님이…."

말을 하지 않는다. 그래 아직 못 믿겠다고? 어린 나이에 갑자기 팀장직을 맡아 하는 일이 못 미더웠다고?

"질투가 났습니다. 오늘 의사 선생님이 솔직하게 말하라고 했거든요. 관계는 그래야 회복이 된다고. 다 말씀드릴게요. 질투 났습니다."

"엥? 왜요."

"실장님도, 나 팀장님도, 심지어 인사팀장님도 팀장님 편을 들더라고요. 다들 제 탓이래요. 인사팀장님께 팀장님 스타일이 힘들다 하소연했더니 저보고 그렇게 가르쳐주는 사람 없다고, 대부분 귀찮고 바빠서 교육은커녕 알아서 하라고 던지고 신경도 안 쓴다고요. 설마 했는데, 제가 표 사원하고 신 사원 데리고 일해보니 알겠더라고요. 설명하는 것도 너무 귀찮고 수정하는 것도 너무 피곤해요. 근데 팀장님은 아니잖아요. 그래서 좀 미웠다랄까, 쪽팔리게 좀 그랬습니다."

"원래 각자의 스타일이란 게 있잖아요. 차장님은 내가 갖지 못한 걸 가졌고요. 커뮤니케이션 능력이나 털털한 성격, 회사 내에서 두루두루 잘 지내고 그러는 거 엄청 부러웠어요."

진심이다. 난 권 차장의 인싸 기질이 부러웠다.

"근데 우린 같은 팀이잖아요. 차장님의 스타일과 나의 스타일이 충돌한다면 서로 맞춰가야 한다고 생각해요. 특히 소분팀은요, 우리 팀만의 스타일이 있어요. 우리는 영업팀처럼 대외적 업무보다는 앉아서 고민하고 결론 내는 서류 작업이 많아요. 권 차장님의 스타일에 백프로 맞지는 않은 업무인 거죠. 난 권 차장님의 장점을 이곳에서 드러내는 거 나쁘지 않다고 생각해요. 하지만 영업팀에서의 방식은 아니에요. 이

걸 지켜주고 노력해주면서 권 차장님의 장점을 발휘하면 차장님이 더 빛날 거 같아요."

"알겠습니다. 사실 저… 노력하려고 하고 있어요. 그래서."

그가 말을 끝내지 않고 옆에 놓인 쇼핑백을 들어 안에 것을 들어 보였다. 박스 안에 있는 것은 구두였다.

"팀장님도 그렇고 팀원들도 제 구두소리를 거슬려하는 거 같아서 아까 샀습니다. 소분팀은 다들 조용히 업무에 집중하는 스타일이라 매번 움직일 때마다 신경 쓰이긴 했거든요."

"아… 이렇게까지."

발소리 같은 것으로 트집 잡아 팀원을 공격한 것은 잘못이었다. 그런데 그가 온전히 지적으로 받아들였다. 미안한 마음과 당황스러운 마음이 대답을 주저하게 했다. 그래도 할 말은 하자. 미안하다, 고맙다는 말은 팀원에게 아끼지 말아야 한다.

"미안해요. 내가 너무 예민했네요. 진짜 아까는 내가 너무 감정이 쌓여서. 음… 그러니까. 나도 솔직히 말할게요. 나 차장님 진짜 미웠어요. 아까 회의에서도 나랑 말싸움했고, 내 팀원인데 컨트롤되지 않는 상황이 자꾸 생기니까 힘들었어요. 정말 많이."

"잘못했습니다. 제가 욕심이 지나쳤던 거 같아요. 팀장님을 힘들게 할 생각은 없었는데 정말 죄송합니다."

"나도 미안해요."

3

처음이다. 나와 전혀 맞지 않는다고 생각했던 사람과의 화해.

피하는 것이 상책이라는 말은 맞지 않다. 피할 수 없다면 즐기라는 말도 틀렸다. 맞서야 했다. 맞서서 솔직해져보는 것이다. 나 너 싫어, 너나 싫어? 나 힘들어, 너 힘들어?

"그리고 이건 선물. 팀원들 같이 있을 때 주려고 했는데 미리 줄게요."

나는 그에게 내가 산 책을 주기로 결정했다.

"아… 혹시 아까 팝업 주제로 선정하셨다던."

"그러게요. 그렇게까지는 생각 못했었는데 괜찮은 거 같죠? 이 주제로 팝업하는 거."

"괜찮은 거 같습니다. 제가 경험도 있으니 남들보다 더 잘할 수 있을 거 같아요."

"권 차장 믿어볼게요. 잘해봅시다."

손을 내밀었다. 권 차장이 쑥스럽다는 듯이 손을 맞잡았다.

"근데 저 너무 팀장님께 받기만 하는데요."

"응? 내가 준 게 또 있나."

"저번에 주신 말씀요."

"말씀?"

"네. 보고서는 정확함, 깔끔함, 간결함! 그거 책상에 붙여 놨거든요."

"그걸 왜…."

"표 사원은 더블 체크! 보낸 메일함에서 한 번 더 확인! 신 사원은 뭐더라… 아, 행간 160퍼센트, 제목은 HY헤드라인. 이거 소분팀 룰 아니었습니까. 팀장님 지시사항 붙여 놓는 거요. 이거 좋은 거 같아요. 잊어버릴 때쯤 한 번씩 보니까 안 까먹게 되고요. 저도 팀장 되면 팀원들한테 그렇게 하려고요. 헤헤."

내 말이 팀원들에게 룰이 됐다고? 신기하고 부끄럽고 감사한 일이다.

"팀장님 밑에서 열심히 배워보겠습니다."

"진짜죠?"

그는 우리와 발맞춰 가느라 나름의 방식으로 최선을 다하고 있었는지도 모른다. 단지 그를 지배하고 있는 인정욕구라는 것이 너무 커서 상대에게 상처를 주고 오해를 불러일으키는 것이었을 뿐이다. 그걸 알게 된 이상 나는 그의 행동을 나에 대한 공격으로 생각할 필요가 없었다.

그가 자기 페이스대로 움직일 때 나는 나의 페이스대로 움직이면서 조금씩 맞춰가면 될 일. 그러다 힘들면 힘들다고 솔직히 말할 것이다.

팀장이 됐다고 팀원 모두를 내 페이스대로 움직이게 할 수는 없다. 남을 내 뜻대로 다루고 싶어 하는 것은 오만이고, 남보다 우월하다고 생각하는 것은 교만일 뿐이니까. 그리고 그건 팀장이 가장 먼저 버려야 할 사고니까.

소분팀의 세 번째 아이디어 회의가 시작됐다. 앞선 두 번의 회의에서 나는 각자에게 역할을 부여했다. 팀원 셋에게 몽상이(dreamer)와 현실이(realist), 비판이(critic)의 역할을 주었다. 몽상이가 된 사람이 해당 아이디어에 대한 긍정적이고 발전적인 방향을 쏟아내면, 현실이는 예산이나 시장성 등을 살펴 현실화하기 위한 방안을 구체적으로 고민했고, 비판이는 무조건 부정적인 질문과 지적으로 아이디어를 무참히 부수는 역할을 했다.

이런 것은 어디서 배웠냐고? 월트 디즈니가 아이디어를 이렇게 발전시켜 왔단다.

권 차장과 표 사원, 신 사원 모두 자기에게 주어진 역할에 맞게 최선을 다해 의견을 냈다. 결국 무료 메이크업실과 셀프 사진관 오픈, 해외 유명 캐릭터와의 콜라보 등의 아이디어 중에 나의 아이디어가 최종 심사에 올랐다.

"이거 팀장 아이디어라고 뽑은 거 아니죠?"

"아닙니다. 제가 다시 현실이로서 말씀드리자면 매우 긍정적입니다. 아시잖아요, 저 매사 팀장님이 하라는 대로 안 하는 청개구리였던 거."

권 차장이 배시시 웃으며 말했다.

"그러니까. 나 당신 때문에 엄청 괴로웠어. 아주 패싱맨이야, 패싱맨."

"죄송합니다."

"죄송하면 오백 원."

"헉, 뭐야. 우리 팀장님 완전 부장개그."

나는 권 차장과의 문제를 농담처럼 가볍게 던졌고, 그는 그걸 또 가볍게 받았다.

그래, 인간관계에서 문제 해결이라는 게 별거 있나. 툭 꺼내서 툭 주고받을 수 있으면 그걸로 된 것이다. 고민과 고통을 상처로 받아들이는 것도 나의 몫이고, 아무렇지 않은 자극 정도로 받아들이는 것도 결국 내 몫이다. 나는 내 몫에, 내 결정에 충실하기로 했다.

4

어두운 회의실. 사람들의 숨소리도 잦아든 공간에 환한 빛이 들어온다.

딸깍 하는 소리에 글자들이 떠오른다.

완벽하지 않은 나를 사랑해

“현대인들은 끊임없는 경쟁과 비교 속에서 자신의 위치와 크기를 체감하며 살아갑니다. 특히 우리나라는 타인과의 비교를 통해 자신의 정체성을 찾으려는 경향이 강하죠. 남들보다 우위에 서는 게 개인의 행복보다 중요하고, 자기 자신을 스스로 인정하기보다는 남들로부터 칭찬을 받아야 가치가 있다고 느끼는 것입니다.

OECD 국가 중 대한민국이 우울증 1위인 이유가 여기에 있다고 생각합니다. 정신과에서는 최근 급증하고 있는 우울, 불안, 중독 등이 자신보다 타인의 시선에 가치를 두었기 때문이라고 진단합니다. 그래서 전문의들은 이 같은 마음의 병을 얻은 환자들에게 자신의 마음 상태와 현재 모습을 직면하라고 조언합니다. 일터나 학교, 밖에서 집으로 돌아가면 자기만의 시간을 갖고, 건강을 위해 휴식을 거르지 않으며, 자기가 좋아하는 간식을 챙겨 먹고, 운동을 하고 명상을 하는 방법을 말이죠.

우리 DM산업이 앞으로 추구해야 할 가치도 이것이라고 생각합니다. 외적으로 아름다운 뷰티 상품을 파는 기업이 아니라 솔직하고 건강한, 안정되고 편안한 내면을 위한 힐링 상품을 파는 기업으로 자리매김해야 합니다.

그래서 저희 소분팀이자 TF팀은 '자기 위로의 시간' 팝업 스토어를 제안합니다.

하나, 체험 존. 사방이 거울로 둘러싸인 방에서 자신을 직면합니다. 그 거울은 나의 모습을 뚱뚱하게도 길게도 작게도 보여줍니다. 거울 위에는 정신 건강을 진단하는 각종 문항을 게시해 방문자들에게 자신의 감정 상태를 돌아보는 기회를 줍니다. 거울에 비춰진 모습, 타인의 시선으로 왜곡된 자신이 아닌, 진짜 자아를 직면하게 하는 거죠. 즉 부족하고 불완전하지만 자신을 있는 그대로 바라보도록 하는 게 이 방의 컨셉입니다. 물론 게시될 문항은 정신과 전문의로부터 자문을 받아 작성할 것입니다.

둘, 힐링 존. 그 방을 지나고 나면 사방이 별들로 가득 찬 어두운 방이 나타납니다. 그곳에 심신 안정과 스트레스 해소에 도움을 주는 아로마 디퓨저를 선별해서 전시해 소비자들에게 편안함을 제공합니다. DM산업에서 생산된 상품들이 활용될 것이며, 단종되었던 퓨어 오일이 적합하다 판단, 연구팀과 협업 중에 있습니다.

셋, 공감 존. 자신에게 손 편지를 쓰는 곳입니다. 저희 로고가 적힌 편지지와 봉투에 평소에 하지 못했던 스스로에 대한 격려, 칭찬 등을 쓰도록 안내합니다. 그리고 저희는 그것을 집으로 배송해주는 겁니다.

관련 부서의 적극적인 협조하에 현재까지 설계와 인테리어, 세팅까지 총 3개월이 소요될 것으로 예상되며, 팝업스토어에 대한 홍보는 공식 채널 외에도 인플루언서, 파워블로거 등을 통해 적극적인 바이럴을 유도할 계획입니다. 이상입니다."

임원 회의에서 나, 진서연의 발표가 끝났다.

오늘은 떨지도 말을 더듬지도 않았다! 팀원들의 피드백, 리허설 반복, 주제에 대한 충분한 숙지 등이 용기가 됐다. 무엇보다 싱글벙글인 최 실장의 표정이 자신감을 북돋아줬다.

일주일 전이었다.

"역시 기대한 대로네요. 이대로 보고하죠. 이참에 소분팀원들도 다 같이 들어가는 걸로."

"어딜 말씀이신지…."

"내가 다음 주중으로 임원 회의를 소집할 거예요. 상무, 전무, 이사님들 다 오시라 할 겁니다. 직접 발표해보세요. 이 보고서에 담긴 그대로. 진서연 팀장의 느낌 그대로."

"…"

"긴장되나요?"

"네… 임원 분들 앞에서 발표는 처음 해보는 거라."

"그럴 거 없어요. 다 그냥 나이 먹은 아저씨들이야. 출퇴근할 때, 식당에서 밥 먹을 때 옆에 앉는 재미없고 무뚝뚝하고 배나온 아저씨들이라고."

"네…."

"그럼 이렇게 생각해보죠. 진 팀장 홍보팀에 있을 때 번지르르하고 있어 보이는 어려운 말들 그거 다듬고 순화시키느라 고생했죠? 발표도 똑같아요. 자기 말로 자기 얘기를 하는 거예요. 어려운 용어 쓸 필요도 없고, 청중의 눈높이를 따질 필요도 없어요. 진 팀장이 살아오면서 느꼈던 것들, 배운 것들을 겸손하게, 동료한테 설명하듯 전달하면 됩니다. 욕심을 버리세요. 그리고 본인을 믿으세요. 누구나 스스로 믿는 만큼 말하게 되어 있어요."

나의 어떤 것을 믿어야 할까. 직장에 들어오기 전부터 공부했던 심리학 지식들, 9년간 직장생활을 통해 얻은 경험들 그리고 나도 모르게 쌓여왔을 사람들과의 커뮤니케이션 능력, 거기에 혹시나 최 실장이 가진 통찰력 같은 게 있다면 그것까지가 나다.

마음가짐을 준비했으면 이제는 몸가짐을 준비할 차례다. 팀원들 앞에서 리허설을 했다. 그들은 기꺼이 예비 청중이 되어줬다. 최종 모습이 아닌 정상까지 다다르기 위한 중간의 과정을 후배들에게 보여준다는 것은 쑥스러운 일이었다. 하지만 팀원들을 평가자나 경쟁자가 아니라 같이 나아가는 동지라 생각하니 창피한 감정이 사치처럼 여겨졌다.

"팀장님, 이럴 때는 이쪽을 봐주시는 게 자연스러울 거 같아요."

"팀장님, 코멘트에 맞춰 슬라이드 순서를 바꾸는 게 좋겠어요."

팀원들의 피드백은 정성스러웠고 애정이 묻어났다. 마지막 리허설을 위해 그들은 야근도 불사했다.

"팀장님! 이제 완벽해요!!"

"브라보, 팀장님!"

"와… 내가 다 떨려."

발표 전날 저녁 8시, 우리는 내일을 기대하며 해산했다. 진짜 청중들은 나의 발표에 어떤 말을 해줄까. 긴장과 걱정으로 불면을 예상했던 그날 밤, 나는 오랜만에 달콤한 잠에 빠져들었다. 꿈에서 팀원들과 소풍을 갔다. 서로가 좋아하는 음식을 펼쳐 놓고 먹으면서 웃고 떠들다가 잔디밭에 나란히 누웠다. 어느새 어두워진 밤하늘에는 금방이라도 쏟아질 것 같은 별들이 반짝이고 있었다.

5

"아무리 그래도 정신병 같은 걸 소재로 쓰는 건 좀 그렇지 않나요? 우리 회사 이미지도 있고."

공격이 시작됐다. 첫 포문을 연 사람은 전무였다.

"물론 그렇게 생각하실 수 있습니다만, 외면보다는 내면의 가치가 중요해지는 트렌드가…."

방어 무기를 꺼내자 이번에는 이사가 공격이다.

"말이야 내면이 중요하다 그러지만 인간 본능이 안 그렇잖아. 연애할 때도 봐. 착한 여자, 성격 좋은 남자 어쩌고 해놓고 결국엔 예쁜 여자, 잘생긴 남자한테 눈길이 간다고. 이걸 부정하는 건 아니죠? 그러니까 마음을 다스린다, 힐링한다, 자신을 돌아본다, 이런 건 심리학 책이나 요가 학원에서나 쓸 수 있는 말이고요. 우리 같은 장사치들은 결국 인간 본성이 원하는 걸 팔아야 해. 말로는 내면의 아름다움 하지만 예뻐지기 위해 어쩔 수 없이 지갑을 여는 소비자가 타깃이라고, 우린."

이번엔 어떤 방패를 꺼내볼까. 요즘 기업 임원들에게 만능 치트키라는 MZ세대론!

"세상은 변했습니다. 특히 요즘 주 소비층으로 알려진 MZ세대는 이성을 만나고 사귀는 데 외모보다 나와 잘 맞는지, 성격은 어떤지 따진다고 합니다. 그래서 상대의 MBTI를 묻고 자신과의 관계를 짐작하는 거죠."

"엠비, 뭐요?"

"MBTI입니다, 이사님."

보다 못한 최 실장이 거든다. 다른 임원은 몰라도 최 실장은 확실히 우리 편이다.

"난 잘 모르겠고, 정신병을 다루는 게 걸린단 말이죠. 실제 사람들이 정신과를 많이 가나요? 특이한 사례를 가지고 일반화시키는 거 같은데…. 언론이야 작은 이슈 하나만 터져도 부풀려서 기사화하니까 그걸 전체의 흐름인 양 받아들이면 안 돼요. 아직 우리 사회는 우울증, 강박증 이런 용어나 증상에 익숙하지 않잖아요. 우울하고 힘들면 그런가 보다 하고 술 마시고 풀고 그러지, 누가 그걸 갖고 병원을 가고 치료를 받고 합니까. 감기도 아니고. 그리고 정신과 가면 기록 남아서 다들 안 갈걸."

이사의 냉소 어린 말에 나는 미처 대답을 고르지 못하고 우물쭈물했다. 이사의 말이 맞다. 아직 우리 사회에는 마음의 병에 대한 선입견이 있다.

"이사님, 특이한 사례 아닙니다. 제가 정신과를 다니고 있거든요."

권 차장이었다.

"정신과를 다닌다고요?"

"네, 직장생활을 하면서 참 많이 아팠습니다. 열심히 공부했고 국내 최고 대학을 나왔지만 저는 제 자신에 대해서는 알지 못했습니다. 사회에 나와 맨몸으로 서고 나서야 제가 얼마나 나약한 존재인지 알았습니다. 사람들한테 상처를 받았고 많이 울었고 죽을 생각도 했습니다. 사실 전 편입생입니다. 지방 출신이기도 하고요. 그래서 늘 무리의 중심에 서지 못했습니다. 자괴감이 들기 시작하면서 자존감도 무너졌고 우울증이 찾아왔습니다. 하지만 남들에게 들키기 싫어 더 크게 웃고, 더 많은 사람을 만났습니다. 그러면 나을 줄 알았어요. 아니더라고요. 병원에 다니기 시작하니까 괜찮아졌습니다. 이사님, 감기도 아닌데 왜 병원엘 가냐고 하셨죠? 감기래요, 마음의 감기. 그래서 부끄러운 것도 아니라고 하더라고요. 감기처럼 약 잘 먹고 상담을 받으면서 반복되는 생각의 고리를 끊으려 노력하면 얼마든지 치료 가능한 병입니다. 어떻게 하다 보니 여기 계신 팀장님과 팀원들도 제가 병원에 다니는 사실을 알게 됐는데, 처음엔 창피해서 죽고 싶었거든요. 그런데 전 요즘 당당하게 병원에 다녀오겠다고 이야기합니다. 주변으로부터 병을 이해받는 것도 치료의 한 방법이라고 했거든요."

아무 말이 없다. 아무도 말하지 못하고 있다.

"이사님께서는 혹시 두통약 자주 드시고 계시지 않나요?"

권 차장이 무거운 침묵을 깨며 입을 열었다.

"그거야 뭐. 임원 정도 되면 머리 아픈 일이 많으니까."

"머리가 왜 아픈지 생각해보셨습니까."

"글쎄."

"왜 회사 매출이 떨어지는지, 왜 신제품에 대한 반응이 별로인지, 왜 소비자들의 컴플레인이 많은지는 고민하시면서 자신의 머리가 왜 아픈지에 대해서는 생각 안 하십니까."

"허허… 그러게."

"의사 선생님이 그러더라고요. 일생 동안 매 시간을 빨리 달려온 사람은 브레이크 쓰는 방법을 모른다고요. 인간의 몸도 차와 같아서 계속 달리는 게 아니라 가끔은 브레이크를 밟아 휴식도 주고 연료도 줘야 한다고요. 안 그러면 언젠가는 고장이 난대요. 멈추고 싶어도 녹슨 브레이크는 말을 안 들을 거라고요. 브레이크가 필요한지도 모르고 달려온 사람들에게 자신에 대해 깨닫는 기회를 줄 필요가 있다고 생각합니다. 꼭 정신병이 있어서가 아니고요. 행복하려면, 행복하게 느끼려면 자신의 상태를 분명히 자각해야 하거든요. 내가 어디가 아프고, 어떤 때 슬프고 어떤 때 기쁜지요."

이제는 내가 나설 차례다.

"우리가 화장품을 팔면서 은연중에 소비자들에게 강요하잖아요. 거울을 보라고 당신의 그 못생긴 얼굴을 보라고. 그리고 이 화장품을 쓰면 연예인처럼 예뻐진다고 환상을 불어넣죠. 환상이 깨지면 불안이 남습니다. 그 불안은 우리 소비자들을 갉아먹을 거고요. 이제 우리는 소비자들에게 자기 마음을 들여다보라고 해야 합니다. 그게 결국 대표님이 늘 강조하시는 본연의 아름다움이기도 할 것입니다."

아무 표정 없이 듣던 상무와 전무부터 표정이 변하기 시작했다. 그들의 마음속에서 어떤 작은 동요가 있었을까.

"좋습니다. 전 우리 DM산업이 전체적인 방향을 수정해야 한다고 늘 느껴왔어요. 시대가 변하고 있는 것이 사실이기도 하고요. 우리가 도태되지 않으려면 젊은 사람들의 감각과 트렌드를 레퍼런스 삼아 지금까지 해온 관행과 관성을 깨야 한다는 말에 전적으로 동의합니다."

"저도 찬성입니다. 요즘 여성들 화장 잘 안 한다면서요? 여기 있는 소비자분석팀만 봐도 그렇잖아요. 제 딸도 탈코르셋인가 뭔가 하면서 화장하는 건 촌스럽다고 안 해요. 그럼 우린 뭘 해야 하나 고민했는데 기초 제품에 올인하는 것도 좋지만 제가 볼 때 경영 전반의 방향을 수정해야 할 때가 오지 않았나 싶습니다."

팀장이라는 명패를 달고 팀원들이 탄 썰매를 끌며 출발선에 섰을 때 두려웠다. 힘을 다해 뛰었더니 힘겨웠다. 주저앉고 싶어 포기하고 오던 길로 다시 돌아가려고 했다. 발길을 돌리려는데 누가 옆에서 툭 치며 그랬다.

가지 마요. 같이 올라가봐요. 도와줄게요. 썰매에 앉았던 팀원들이었다. 걷는 내내 짐이라고 생각했다. 그런데 그들은 언젠가부터 끌려오는 게 아니라 나와 같이 걷고 있었다. 오히려 어떤 등성이에서는 나보다 앞서 걸었다. 급기야 나는 뒤처져 그들의 꽁무니를 보고 걸었다. 그들이 만들어놓은 길을 따라 걷다 보니 벌써 산 정상이 보인다. 저 높은 곳을 넘을 때가 왔다.

"대표님이 받아들이실까요."

상무가 최 실장을 향해 물었다. 마치 당신이 제일 잘 알고 있지 않느냐는 투다.

"제가 처음 이곳 DM산업에 왔을 때 정치나 하던 놈이 갑자기 화장품 파는 데 왔다고 많이들 의아해하신 걸로 알고 있습니다. 하지만 저는 여기에서도 같은 일을 하고 있습니다. 저는 사람 장사를 해온 사람입니다. 대표님이 제게 기대하신 것도 이 부분이고요. 전 소비자분석팀 이 친구들의 감을 믿어요. 제가 믿는다는데 대표님의 어떤 허락이 필요하겠습니까."

최 실장이 나를 보고 아주 짧고 강한 미소를 띠었다. 나는 그것이 최 실장이 나에게 보내는 확신 같은 것이라 느꼈다. 내 아이디어였지만 차마 가질 수 없었던 확신이란 것을 최 실장이 보여준 것이다.

리더십이란 확신이라고 했다. 사소한 것에서 상대의 특징을 간파해내는 능력, 인간이나 사업의 가능성과 미래를 예측하는 직관 그리고 그런 자신에 대한 확신.

최 실장은 확신했고 나도 그에게 신념을 보여줬다.

정성을 다할 것이라는 내 의지에 대한 믿음, 할 수 있다는 신념. 이 두 가지가 그와 나 사이에 조용히 오갔다.

상무와 전무, 이사가 고개를 끄덕였다.

못 먹어도 고(Go)!

1

두통이 또 왔다.

나는 이제 타이레놀 대신 라벤더와 일랑일랑, 시더우드의 향이 섞인 오일 두 방울을 손목 끝에 떨어뜨린다. 두 손목을 마주 대고 문지른 다음 귀 뒤에도 문지른다. 손가락에도 묻혀 관자놀이와 목 뒷부분을 눌러 지압한다. 눈을 감으니 남은 잔상들이 어지럽게 흔들린다. 그 잔상이 서서히 잦아들 때까지 머리 안을 울리는 두통의 소리를 가만히 듣는다. 효과는 두통약보다는 느리지만 오래갔다. 나는 표 사원이 준 오일을 며칠째 바르면서 버릇처럼 먹던 두통약을 서서히 끊기 시작했다.

“이번에 바뀐 디퓨저요, 향이 좋네요.”

신 사원이 코를 킁킁거리며 웃었다. 사무실 곳곳에 퍼져 있는 것은 편백 향이었다.

“표 사원이 해낸 거죠?”

“응, 진작 바꿀걸 그랬어. 난 올드스파이스 향을 고집한 게 대표인 줄 알았거든. 근데 최 실장님 말로는 아니래. 도대체 직원들은 저 향을 왜 좋아한답니까, 대표가 이렇게 말했다는 거야. 직원들도 대표도 서로 남 탓하면서 바꿀 생각을 못했던 거지.”

“그럼 할아버지 은단 냄새는 총무팀의 취향이었던 건가요? 아님 연구팀?”

“그것도 아니었어. 총무팀도 누구 결정인지 모르더라고. 모르니 바꿀 생각을 못했던 거고. 내가 우리 팀원 중에 조향 전문가가 있으니 의견받아서 바꿔보는 게 어떻겠냐고 했더니 너무 좋아하는 거야. 자기네들은 바꾸고 싶어도 몰라서 못했다는 거지. 연구팀에서 추천받지 그랬냐니까 연구팀에서 자기 업무가 아니라고 못한다고 했대.”

“엥, 왜 그게 자기 업무가 아니에요. 조향하고 그런 거 거기서 다 하잖아요.”

“제품 만드는 거야 가이드라인이 있고 책임자가 있으니 괜찮은데, 사무실 디퓨저는 안 그렇잖아. 이윤이 남는 것도 아니고 그저 직원들 복지 차원인 거라 아무도 총대를 안 메는 거지. 메봤자 욕이나 먹으니까.”

“왜 욕해요. 좋은 디퓨저 쓰면 다 좋은 거 아닌가.”

“사람들 취향이 다 같은 건 아니잖아. 그러니까 누구 하나는 꼭 다른 소리를 내지. 근데 회사생활 해보니 한 목소리 내는 건 있더라. 자기네들은 하지 못하면서 남이 하면 이때다 싫어 하는 욕. 아무래도 인간 본성 같아.”

“그런 거 보면 인간의 민낯이 드러나는 곳이 회사 같아요. 근데 표 사원님은 해내셨네요. 용기 있는 자에게 박수!”

신 사원이 박수를 치자 표 사원이 웃으며 말했다.

“그 용기를 어떻게 낸 줄 아세요? 진서연 팀장님께서 다 커버쳐주시기로 했거든요.”

“아, 진짜요? 그럼 팀장님의 용기인가?”

“용기는 무슨. 왜 그런 거 있잖아. 아이가 차 밑에 깔리면 차를 번쩍 드는 엄마의 힘 같은 거. 팀장이 되니까 뭐 그런 생각이 들어. 팀원들을 위해서 그까짓 책임지고 커버치는 거 못할 거 없겠다. 욕하고 싶으면 욕들 해라! 욕먹고 오래 살란다!!”

“와, 역시 우리 팀장님! 최고.”

신 사원이 엄지를 척 올리며 웃었다. 표 사원도 권 차장도 따라 웃었다.

2

팝업스토어는 성공적이었다.

운영 기간 2주 동안 누적 방문자 수만 2만여 명이 넘었다. 회사의 적극적인 지원으로 지상 2층 연면적 300제곱미터 규모로 운영된 팝업스토어는 시간당 약 200여 명이 찾아왔다. 사전 예약제로 운영했음에도 접수 시작 이틀 만에 3,000여 명이 접수했다.

무엇보다 홍보 전략이 유효했다. 신 사원은 자신의 장기를 살려 ‘직장인의 슬픔, 기쁨, 행복, 분노’를 주제로 유튜브 쇼츠를 만들었다. 직접적으로 제품을 홍보하는 것이 아닌 사람들의 호기심과 쾌감을 자극하는 ‘블라인드 마케팅’이었다. 신 사원의 쇼츠는 인플루언서의 SNS에 공유되면서 급속도로 퍼졌다. 신 사원의 개인 계정이 홍보팀 공식 계정보다 더 유명해지면서 언론사에서 인터뷰 요청까지 오는 등 대박이 났다.

제품 판매량은 전달 대비 100퍼센트 이상 성장했다. 팝업 스토어에 전시된 제품에 QR코드를 부착해 온라인으로 구매할 수 있게 한 전략이 성공한 것이다. 권 차장의 아이디어였다. 권 차장은 이것으로 최 실장과 대표의 특급 칭찬을 받았단다. 그게 뭐냐고 물었더니 골프 약속을 잡았다고 했다. 그리고 표 사원은 대리 승진을 기대할 수 있게 됐다.

"우리 오늘 점심 잊지 않았지?"

"당연하죠. 중요한 날이잖아요."

소분팀이자 TF팀 멤버들이 왁자지껄한 식당에 둘러 모였다. 테이블 가득히 피자와 스파게티, 치킨, 빵이 놓였다.

"특별한 날이니까 맥주 한 잔 할까."

"좋아요!"

"팀장님 저 오늘은 배부르게 마셔도 되죠?"

"당근. 근데 차장님 대신 오후 업무는 해야 합니다."

"아, 뭐야. 술 마시래 놓고 일 시키고 너무 한 거 아닙니까."

"푸하하. 저번에 보니까 권 차장 술 마시고 쓴 보고서가 평소보다 좋더라고. 음주 업무가 적성에 딱인 듯. 매일 마실래요, 술?"

"아, 뭐야. 이거 직장 내 괴롭힘 아닙니까."

"푸하하하."

손뼉을 치고, 배가 아프도록 웃는 점심시간. 오늘의 점심은 송별회였다.

신 사원은 KP엔터테인먼트에 개발 기획 인턴으로 가기로 했다. 정직원도 아닌 인턴인데 퇴사하고 가는 것은 손해 아니냐고 했더니 하고 싶은 것을 하니까 손해가 아니라 이득이란다. 그 말에 난 그의 어깨를 툭 치며 말했다. 멋지다, 야. 팀장이 아니라 인생 선배로서 응원한다. 꼭 영화 감독으로 성공해라!

말은 그렇게 해도 마음은 씁쓸했다. 하지만 어쩌랴. 팀원의 인생은 내 것이 아니다. 나는 '우연히' 팀원이 된 신 사원의 시간을 '잠시' 빌렸을 뿐. 그 잠깐의 행운에 감사해할 일이지 내 것인 양 소유권을 주장하는 것은 욕심이지.

"여기서 많이 배웠습니다. 특히 팀장님 리더십은 제가 영화로도 만들고 싶은 주제예요."

"뭐래. 리더십의 '리'자도 한 게 없네요."

"제목은 정했습니다. 극내향형의 좌충우돌 리더십. 어떻습니까?!"

"야! 좌충우돌이라니. 무슨 사고뭉치 같잖아. 완벽한 팀장 리더십 이런 거 어때?!"

"에이, 완벽은 아니죠. 아니다 완벽하시네. 단, 우리가 있어서 완벽하셨지, 아마?"

"맞아요. 아유, 팀장님 제가 팀장님 업무 뒤처리하느라 애 먹은 거 아실랑가 몰라."

"무, 무슨 뒤처리?"

"팀장님 유명한 아싸시잖아요. 그래서 업무 협조받는 데 제가 좀 애를 먹었습니다."

"뭐, 정말? 협조가 안 됐어? 다들 잘해줬는데?!"

"협조란 게 전화 한 통으로 탁 하고 이루어지는 게 아니거든요. 가서 얼굴도 비추고 밥도 사고 술도 같이 먹고 해야 아… 이 놈은 내 편이군, 싶어서 슬쩍 어려운 부탁을 해도 거절 못하고 파일도 건네주고 정보도 주고 그런 거죠."

"헐, 대박. 진짜? 권 차장 진짜야? 그간 내가 전화할 때마다 재깍재깍 답이 왔던 게 권 차장 덕분이었다고?"

"맞아요, 팀장님. 권 차장님이 팀장님의 숨은 서포터셨어요."

"몰랐네, 진짜. 권 차장."

"그거 모르십니까 팀장님? 감.정.은.행.요. 은행에 신뢰가 쌓여야 협조가 된다, 이 말입니다."

"그게 뭐예요?"

"아, 표 사원 몰라? 이거 아주 내가 존경하는 선배님께서 가르쳐주신 심리학 개념인데 말이지. 이참에 표 사원도 알아둬. 인간관계에는 감정은행이 하나씩 있어. 그러니까 만약 표 사원이 나랑 감정은행을 갖고 계좌를 트겠다고 하면 술부터 같이 묵고! 노래방도 가고!"

"오, 완전 싫어요. 그건 감정은행이 아니라 감정노동이잖아요."

"야, 너 아니어도 나랑 술 먹고 놀고 싶어 하는 후배 천지거든!"

"에이, 설마. 그럼 이름 한 번 대보세요!"

"어… 그… 김, 아니 박…".

"푸하하."

기분 좋은 웃음과 행복이 흘렀다. 이렇게만 있으면 좋겠다. 모두가 한마음인 팀, 같은 목표를 향해 달려가는 팀, 내가 꿈꾸던 팀의 모습 그대로였다.

3

소분팀은 TF팀이 해체됨과 동시에 본래의 업무로 돌아왔다.

권 차장은 영업팀으로 복귀했고, 신 사원의 자리는 다른 신입으로 채워질 터였다. 고요하고 평안한 시간이 흐르고 있었다.

그러던 어느 날이었다. 010으로 시작하는, 저장되지 않은 번호로 전화가 왔다.

"여보세요."

"안녕하세요. 커리어링의 신나리 책임입니다. 진서연 팀장님 되시죠?"

"네, 그런데요."

"애틀랜틱코리아 팀장 포지션이 오픈돼서요. 혹시 관심 있으신가 해서 연락드렸습니다."

헤드헌터의 연락이었다. 애틀랜틱코리아에 팀장급 직원을 모집한다는 이야기였다. 그리고 그곳에 나를 추천하겠다는 뜻이었다. 애틀랜틱코리아. 그렇다, 내가 그렇게 꿈에 그리던 곳. 신입 때부터 줄곧 불합격 통보를 주며 날 끝까지 밀어냈던 곳. 그곳에 사원도 아닌 팀장으로?

서 팀장이 그랬다. 업계에서 일 잘한다고 소문이 나면 헤드헌터한테 연락이 온다고. 그 말이 나에게 현실로 일어난 것이다. 갑자기 심장이 두근거리기 시작했다.

그곳은 어떤 곳일까. 나는 그곳에서 어떤 리더십으로 사람들 앞에 서게 될까. 책상 앞에 권 차장이 준 종이가 눈에 들어왔다. 팀장인 나도 책상 앞에 붙여놓으라며 써 온 글귀였다.

'셀프디스 금지'

이제야 진짜 내 편이 된 팀원의 진심 어린 조언이었다.

그래, 금지다. 이제 안 한다, 안 해.

그러니 못 먹어도 고(Go)다. 고!

I형 인간의 팀장생활

1판 1쇄 발행 2023년 6월 28일
1판 3쇄 발행 2023년 10월 25일

발행인 박명곤 **CEO** 박지성 **CFO** 김영은
기획편집 채대광, 김준원, 박일귀, 이승미, 이은빈, 강민형, 이상지, 이지은
디자인 구경표, 구혜민, 임지선
마케팅 임우열, 김은지, 이호, 최고은
펴낸곳 (주)현대지성
출판등록 제406-2014-000124호
전화 070-7791-2136 **팩스** 0303-3444-2136
주소 서울시 강서구 마곡중앙6로 40, 장흥빌딩 10층
홈페이지 www.hdjisung.com **이메일** support@hdjisung.com
제작처 영신사

※ 이 책은 일하는 사람들을 위한 커리어 지식/정보 서비스 퍼블리(publy.co)에서 발행한 〈어쩌다 팀장이 되어버렸다〉, 〈팀장의 파워 게임〉 시리즈를 기반으로 내용을 보충해 출간했습니다.

현대지성 홈페이지